Ordenhando as PEDRAS

Edson Araujo

Ordenhando as
PEDRAS

Como extrair riqueza
de onde parece não haver nada

São Paulo, 2025

Ordenhando as pedras
Copyright © 2025 by Edson Araujo
Copyright © 2025 by Novo Século Ltda.

EDITOR: Luiz Vasconcelos
COORDENAÇÃO EDITORIAL: Silvia Segóvia
PREPARAÇÃO: Andrea Bassoto
REVISÃO: Silvia Segóvia
DIAGRAMAÇÃO: Manoela Dourado
CAPA: Creative Spear

Texto de acordo com as normas do Novo Acordo Ortográfico da Língua Portuguesa (1990), em vigor desde 1º de janeiro de 2009.

Dados Internacionais de Catalogação na Publicação (CIP)
Angélica Ilacqua CRB-8/7057

Araujo, Edson
    Ordenhando as pedras : como extrair riqueza de onde parece não haver nada / Edson Araujo. -- Barueri, SP : Novo Século Editora, 2024.
    192 p.

ISBN 978-65-5561-962-1

1. Autoajuda 2. Empreendedorismo I. Título

24-5706   CDD 158.1

Uma marca do Grupo Novo Século

Alameda Araguaia, 2190 – Bloco A – 11º andar – Conjunto 1111 CEP 06455-000 – Alphaville Industrial, Barueri – SP – Brasil
Tel.: (11) 3699-7107 | E-mail: atendimento@gruponovoseculo.com.br
www.gruponovoseculo.com.br

AGRADECIMENTOS

Este é o meu primeiro livro. É um marco em minha jornada e um motivo especial de agradecimento. A primeira pessoa que gostaria de agradecer é Deus Pai, que mesmo nos momentos mais turbulentos e desafiadores da minha vida, sempre Se mostrou presente, fazendo-me refletir, aprender e amadurecer em todo o tempo.

Agradeço por me nutrir mesmo nos cenários mais áridos e por guiar meus passos na direção do meu propósito. Por me inspirar, trazer fé e coragem ao meu coração e me levar além das circunstâncias. Por abrir a porta da Sua casa e me dar um lugar à Sua mesa. Por resgatar o valor do meu nome, por ressignificar a minha identidade e me posicionar como Seu filho amado, recriado em Jesus, no qual tudo faz sentido.

Agradeço também a minha amada e saudosa mãe. Eu gostaria muito que ela estivesse aqui para testemunhar todas as minhas conquistas, ver meus filhos crescerem e ver o homem que tenho me tornado, sustentando o seu legado. Todo o sacrifício que minha mãe fez para dar aos seus quatro filhos a melhor vida que era possível e a melhor educação disponível jamais será esquecido. Agradeço por ela ter negado a si mesma durante tanto tempo para ser a condutora da formação do meu caráter.

Agradeço a minha esposa amada por ter escolhido andar comigo na aliança fantástica que temos. O cuidado que ela tem comigo e com nossos filhos vai além do natural. Agradeço por ter me dado dois filhos lindos e por ter acreditado que eu era um "bom partido" desde o início. Encontrei uma parceira para compartilhar e viver experiências incríveis, pois as histórias que escrevemos juntos valem muito mais e têm muito mais sabor.

SUMÁRIO

PREFÁCIO 9
APRESENTAÇÃO 13

Capítulo 1
   Tudo tem um começo 17

Capítulo 2
   Quem é você? 27

Capítulo 3
   Qual é a sua jornada? 53

Capítulo 4
   Legado – Tudo começa em forma de semente 71

Capítulo 5
   Honra – De quem vem os tesouros que você carrega? 83

Capítulo 6
   As dificuldades forjam a sua força 129

Capítulo 7
   Surfando no tempo 141

Capítulo 8
   Como ordenhar pedras 155

Capítulo 9
   O que está além das pedras 185

SOBRE O AUTOR 189

PREFÁCIO

Poucas experiências são tão gratificantes quanto ser um dos líderes de uma instituição de ensino superior, vendo milhares de indivíduos passando por sua história, cada um portador de ideias únicas e criatividade vibrante. Tais indivíduos, dotados de variados perfis comportamentais e personalidades, revelam talentos extraordinários por meio de suas maneiras singulares de comunicação.

Entre eles, alguns deixam marcas indeléveis. Chegam como estudantes, fornecedores ou parceiros estratégicos, mas todos trazem algo especial. Como um exemplo cito Edson Araujo, um prestador de serviços excepcional e criativo, à frente de uma agência de publicidade, especialista em *branding* e comunicação, músico sensível, cristão, marido exemplar e pai dedicado de dois filhos abençoados – sendo um deles John, nascido nos Estados Unidos em 4 de julho, que, quem sabe, possa vir a ser profeticamente um líder nessa nação.

Edson chegou do Brasil em 2016 e tive o privilégio de conhecê-lo na Florida Christian University. Desde nossa primeira conversa senti uma conexão paternal e vislumbrei um futuro brilhante para ele na América. Sempre que Deus coloca alguém em meu caminho é um lembrete de que, em pouco tempo, essa pessoa poderá estar transmitindo a outros as lições que hoje compartilhamos. Por isso sempre tive o cuidado de oferecer conselhos sólidos e sustentáveis, visando exclusivamente ao seu sucesso.

Hoje, Edson Araujo preside a Tribocom Group, Creative Spear e Sharp Spear Investments, é palestrante e escritor e tornou-se um grande mentor para empresários. Ele compreende a essência da comunicação e do *branding* como poucos. Quando me falou sobre este livro, percebi que seu valor transcende o monetário. Ao ler, você beberá da fonte de anos de mentoria e experiência, encapsulados nestas páginas.

Este livro me proporcionou uma jornada cativante, capítulo a capítulo, revelando a essência e a humildade de Edson. Isso me motiva a incentivar você, leitor, a conectar-se com a história dele. Você descobrirá que independentemente de sua origem ou dos desafios enfrentados, o que realmente importa é o que fará com essas experiências.

Treinado e munido de um coração aberto ao aprendizado, você encontrará nos nove capítulos deste livro uma maneira de também aprender a "ordenhar pedras". Este é o ensinamento de Edson: vencer adversidades pode realmente ser como tirar leite de pedra. Foi assim que me identifiquei com o título e com o conteúdo deste livro.

Ao chegar ao capítulo oito, fiquei impactado pela forma simples e direta com que Edson desenvolve técnicas para você aproveitar as oportunidades. Se ler com o coração aberto, perceberá que este livro não é apenas um livro, é uma chave para potencializar sua vida. Espero que cada frase e cada capítulo toquem o seu entendimento e mostrem o poder transformador de uma leitura. Este livro é um verdadeiro manual para ensiná-lo a "ordenhar as pedras". Espero que seja uma chave que abra seu coração e sua mente, guiando-o a uma vida de realizações e aprendizado contínuo.

ANTHONY PORTIGLIATTI, PHD.
Chanceler e presidente do Conselho Consultivo Florida Christian University

APRESENTAÇÃO

O*rdenhando as pedras* é uma obra escrita com o propósito de inspirar você, leitor. Talvez você viveu ou está vivendo momentos de desafio e angústia, decisões difíceis, quase impossíveis, ou sabe que precisa aprender a usar a fé para superar circunstâncias que te fazem sofrer. Este livro é para você, que quer aprender a moldar sua realidade, para, então, provar uma experiência de abundância de recursos e colocá-lo na trajetória que manifesta a sua identidade e o seu propósito.

Esta obra conta experiências vividas por mim, trazendo uma abordagem simples e de fácil entendimento a respeito de como qualquer pessoa pode alcançar o sucesso exercitando a fé e a coragem no dia a dia e em momentos de desafio extremo, e como pode tomar decisões aparentemente "impossíveis", que revelam milagres reais, recursos reais, sucesso real.

O livro narra momentos da minha história com os quais você pode se identificar, encorajando-o a treinar sua fé para subir de nível em sua vida, relacionamentos e carreira. Ele provoca você a dar um passo, mesmo que não encontre o chão à frente, para continuar até o outro lado.

Eu venho de origem humilde, filho de um agente aposentado da segurança pública do Rio de Janeiro com uma professora do nível básico. Desde cedo conheci o que é escassez, sabendo bem qual é a sensação e os sentimentos vividos por alguém que "não tem". O "não ter" ou "não poder" fez parte da minha mentalidade durante muito tempo, mas ao longo da minha vida eu passei a entender a importância de usar a minha própria mente e as minhas escolhas para desenhar o meu universo.

O pensamento gera emoções que se convertem em ação. Escolher e agir é o que materializa o pensamento. Por isso, em Gênesis 11:6, Deus falou no evento da construção da Torre de Babel: o coração deles é um só; já não haverá impossíveis em tudo o que queiram fazer. E Jesus também disse, referindo-se à fé: "Nada é impossível ao que crê" (Marcos 9:23).

O título do livro, *Ordenhando as pedras*, é uma celebração à habilidade de retirar oportunidades e recursos de onde aparentemente nada se vê. É uma referência ao ditado popular "Tirando leite de pedra". Isso foi algo reconhecido por outras pessoas e repetido diversas vezes ao longo da minha história, pois sempre ouvi a mesma coisa: "Esse cara tira leite de pedra". Com a minha experiência foi possível provar que esses comentários são a constatação do meu estilo de vida, que me fez avançar para níveis muito mais altos, saindo do esforço excessivo para o domínio de habilidades essenciais para atrair o sucesso e os recursos. O esforço foi como bater na rocha, no entanto hoje é possível conversar com a rocha e receber dela a provisão.

E se você também quer aprender como ordenhar pedras e extrair delas abundância, avance comigo pelas páginas deste livro. Você irá se surpreender ao navegar nesta jornada rumo a uma vida de milagres.

Boa leitura!

Capítulo 1
TUDO TEM UM COMEÇO

Bem-vindos a Nova Iguaçu dos anos 70, um lugar onde as calçadas contam histórias, os vizinhos compartilham mais do que apenas muros e as crianças ainda brincam de pique-esconde ao pôr do sol. Numa casa modesta, mas cheia de sonhos e aspirações, começa a nossa história. Uma história que, prometo, vai te fazer acreditar que até as pedras mais duras podem oferecer leite se você souber como ordenhá-las.

Meu nome é Edson Araujo e fui o pioneiro de uma expedição familiar, todos nós escalando a montanha da vida, guiados pelos faróis de uma mãe guerreira e protetora, com aspirações para lecionar como professora, e de um pai projetista, com o sonho de ser militar, e que encontrava mais facilidade em desenhar peças de navios para a Marinha do que navegar no mar turbulento da paternidade. Nossa embarcação familiar? Bom, morávamos numa casa emprestada pela minha avó paterna. Um refúgio no meio do caos, nosso pequeno castelo de concreto e sonhos.

Sou o filho mais velho de quatro irmãos e a virada na minha vida veio cedo, aos 10 anos, quando o conceito de "ser criança" teve que ser rapidamente substituído por "ser responsável". Isso aconteceu depois que meu pai, em busca de novos horizontes na segurança pública, acabou por se perder na neblina da vida, deixando a sua família sem referência e sem bússola, pois dali por diante, ele nunca mais voltaria para casa.

Ah, meus amigos, é aqui que a história fica interessante! Como uma águia que aprende a voar antes mesmo de saber que tem asas, mergulhei no mundo do trabalho.

Eu já era um artista desde cedo. E como todo artista nato, eu precisava de inspiração para pintar a tela branca da minha própria vida. A necessidade aguçou a minha veia criativa e logo eu estava moldando a realidade com as mãos, escrevendo e compondo, descobrindo e multiplicando, tirando valor de onde não se esperaria nada.

Esta introdução é apenas o começo de uma jornada incrível, um convite para você me acompanhar pelas páginas seguintes, nas quais compartilharei como, mesmo nas situações mais desafiadoras, podemos encontrar forças para criar, sonhar, prosperar e, acima de tudo, rir de alegria por cada pequena conquista que faz da vida algo grandioso. Apesar da melhor parte das coisas estar no seu fim e não no seu começo, nesta jornada é possível exercitar os princípios e as atitudes que, mesmo diante de tribulações e dificuldades, vão revelar alegria em cada momento da sua história se você aprender a ser perseverante e paciente.

Você já deve ter ouvido a expressão "tirando leite de pedra", certo? O título deste livro pega emprestado o sentido dessa expressão para traduzir em palavras as minhas experiências e os meus aprendizados, que consistem em extrair o melhor das adversidades. Então se acomode, pegue um café (ou um chá, se preferir) e prepare-se para essa viagem, na qual o destino será definido por você. No meio do caminho eu vou compartilhar a minha experiência, sobre como eu transformei as adversidades da vida na habilidade para ordenhar pedras.

Quem vem primeiro

Sendo eu o primeiro filho de quatro irmãos, recebi o nome do meu pai, portanto sou o Junior da família. Eu cresci bem, como uma criança comum, junto aos meus irmãos. Tínhamos uma rotina de brincadeiras, estudos, tarefas de casa e muitas brigas. Se você tem irmãos sabe do que estou falando. E numa casa com quatro meninos isso é normal.

Nossa realidade mudou radicalmente quando meu pai decidiu nos deixar. Esse processo já estava acontecendo. Minha mãe vinha sofrendo calada por alguns anos, mas nós só nos demos conta da tragédia quando ele de fato saiu do nosso convívio. Daí por diante, com apenas 10 anos de idade, fui surpreendido pela necessidade de ter que trabalhar. Acredite, não foi por escolha voluntária. As coisas ficaram bem difíceis logo depois que meu pai nos deixou. Minha mãe não tinha profissão. Ela sempre se dedicou à família, e de uma hora para outra precisou reescrever um capítulo na vida dela que não estava previsto no roteiro. De repente, todos nós tivemos que nos adaptar. Nessa época, sem o meu pai para prover, tivemos que contar com a compaixão de vizinhos, amigos e familiares, que nos surpreendiam com doações de roupas e alimentos. Receber doações por um tempo, enquanto você se ergue, é aceitável e digno, senão não teríamos tantos trechos na Bíblia orientando a atender às necessidades dos aflitos. Mas era nossa escolha permanecer assim ou nos levantarmos e lutarmos.

Sendo eu o irmão mais velho de quatro meninos, nem foi preciso tirar a vez nos palitinhos. A bola estava comigo! Um amigo da família, sabendo das circunstâncias que nos apertavam naquele momento, ofereceu-me a oportunidade de trabalhar em sua loja de materiais de construção. Guarde isto: "Materiais de Construção". E o que eu fiz? Fiz o que se deve fazer sempre que uma oportunidade se mostra: aceitei a oferta sem medo. E aí aprendi minha primeira lição sobre oportunidades: "Quando o cavalo passar com o arreio posto, monte nele. Pois se ele passar não haverá outra chance".

Meu primeiro emprego foi como balconista nessa loja de materiais de construção. Eu sei... Você deve estar julgando minha mãe neste momento, pensando: "Que mulher irresponsável! Permitir que uma criança de 10 anos trabalhe é absurdo! Esse menino tinha de estar estudando! Etc., etc., etc.". Não julgue! Não faz tanto tempo assim, o senso comum era outro. Era normal que crianças trabalhassem naquela época. Aliás, minha carteira de trabalho foi assinada pela primeira vez quando eu tinha 14 anos. Isso era legal e aceitável naquela época. E você vai descobrir mais para frente que eu sempre estudei muito, mesmo trabalhando, e de lá para cá não parei. Mas voltando ao primeiro trabalho, trabalhei nessa loja fazendo de tudo. Eu abria a loja todas as manhãs, varria o chão, catalogava os produtos, vendia e até trazia os jumentos e os cavalos dos seus arreios para descansar no pasto.

Essa parte dos cavalos mereceria até uma linha mais longa, pois até hoje eu ainda tenho as cicatrizes de uma mordida e de um coice que recebi desses animais. Mas eu gostava dessa vida. Eu me diverti com eles. E como toda criança de 10 anos, a gente não compreende muito bem a diferença entre trabalho e diversão. Ou pelo menos, na inocência, tenta trazer alguma diversão para o trabalho. A mente das crianças é mais livre, não é refém das pressões que as responsabilidades imprimem na mente adulta.

O que eu vou dizer vai te chocar um pouco, mas por ter a mente mais livre, como não havia um adulto me supervisionando, em uma tarde, depois do almoço, o movimento estava fraco. Ninguém tinha entrado na loja naquele dia e eu achei que poderia me aventurar a escalar uma pilha de sacos de cimento para me deitar lá no topo. Você pode imaginar o que se passa na cabeça de um menino de 10 anos para pensar em algo assim? Acredite: crianças não têm a menor noção de perigo!

Pois lá fui eu escalar a pilha de sacos de cimento. Ao chegar na metade da altura, a pilha dobrou e virou toda sobre mim. A partir daí, eu só me lembro de uma cena grotesca, em que o meu pé direito estava colado no meu rosto. Eu desmaiei por alguns instantes e quando acordei, eu não sabia muito bem o que tinha acontecido, estava meio confuso. Dez daqueles sacos de cimento de 50 quilos cada haviam caído em cima de mim, alguns haviam estourado com o impacto na queda e o pó do cimento estava espalhado por toda a parte. Minha perna direita tinha quebrado em três lugares diferentes. E graças a Deus, isso foi tudo o que o meu corpo sofreu naquele dia.

Bom, as coisas já não estavam fáceis, não é mesmo?! Parece que ficaram piores! Pois lá vai a minha mãe batalhadora, naquela sua manhã aparentemente calma, saber da notícia desesperadora de que seu filho mais velho, de apenas 10 anos, havia se acidentado na loja em que trabalhava, sem a supervisão de ninguém. Para muitos seria de fato um momento de desespero. Mas não para aquela mulher incrível. Ela foi chamada por alguns vizinhos que souberam do acidente. Imaginem: minha mãe estava orando em uma igreja próxima. Assim que ela chegou, eu me lembro bem da serenidade que ela carregava no rosto.

No momento em que ela chegou, um grupo de vizinhos da loja já haviam me ajeitado e me limpado, e tinham me acomodado com muito cuidado no banco traseiro de uma Brasília vermelha. Foram como anjos naquele momento. Minha mãe entrou na Brasília e me amparou, pondo a minha cabeça em suas pernas. Em pouco tempo estávamos chegando no centro ortopédico do hospital público mais próximo.

Foram 30 dias internado com uma calça de gesso e uma haste de aço atravessada na minha perna direita, com um pequeno peso na outra extremidade, fazendo pressão para que os meus ossos fossem alinhados novamente até que eu estivesse pronto para voltar para casa. Nesse tempo, eu só pensava em voltar ao trabalho. Sentia um pouco de culpa, pois na minha cabecinha o pensamento era: "O que foi que eu fiz?! Minha família precisa de mim". A verdade é que, naquele momento, eu estava precisando mais que todos de ajuda e cuidado. Mas em pouco tempo aquele jovenzinho tornar-se-ia independente, forte e resiliente. Eu estava adquirindo fôlego e, sem saber, estava sendo treinado para me tornar um *"guerreiro próspero"*. Mais para frente eu conto melhor essa parte, porque isso faz parte da minha identidade.

Resumindo a história, foram mais 90 dias vestindo aquela calça de gesso, que só me permitia mover a minha perna esquerda. Imagine a recuperação depois. Foi mais de um ano entre fisioterapias e exercícios para voltar a andar como uma pessoa normal. Além do trauma, eu fiquei com uma perna menor e mais fina, meio dura para andar. Usei muletas por algum tempo e a recuperação foi difícil.

Nessa idade as crianças não têm muitos filtros. Os amiguinhos do bairro me escolheram como alvo de chacota. Os apelidos mais populares naquela época foram: "perneta", por mancar da perna direita, e o clássico "galo cego". Ah! Verdade... Eu não contei ainda. Para ficar melhor, eu uso óculos desde os 6 anos. Naquela época, óculos estava longe de ser um acessório de charme e elegância. Quem usava óculos recebia o título de "ceguinho". Então imagine como deveria ser o ambiente.

À primeira vista, as matérias-primas da nossa construção não pareciam as melhores: necessidade, escassez, pobreza e um ambiente de hostilidade. Apesar de tudo isso havia algo dentro de mim que me fazia processar toda essa adversidade para extrair alguma coisa de valor.

Como eu já tinha manifestado a veia artística, em meio à recuperação tivemos a ideia de modelar enfeites de móveis para fazer algum dinheiro. Eu já desenhava com algum talento, logo modelar não seria um problema. Sempre detalhista, perfeccionista. Lá fui eu, minha mãe e meus irmãos embarcar nessa aventura de produção artística e venda. E esta é a primeira lição que se pode tirar das adversidades: quando os recursos faltarem, quais talentos você consegue reconhecer em você que podem ser usados para gerar novos recursos? O que você faz naturalmente e com facilidade? Você fala bem e tem carisma? Você é bom com tecnologia? Você tem facilidade com números? É uma pessoa organizada? É criativo como eu? Pense no que quiser. É possível transformar qualquer talento ou habilidade, mesmo que no estágio mais primário, em capacidade para fazer dinheiro.

Permita-me abrir um parágrafo aqui para falar de dinheiro. Se ninguém nunca te disse o que é o dinheiro, eu vou te contar agora. Dinheiro é apenas uma forma de recurso, uma ferramenta, que representa energia. A energia não é criada, mas ela pode ser transformada e renovada. No caso do dinheiro, ele representa a recompensa pela energia e pelo tempo empregados em algo. Por exemplo, se você concorda em trocar cinco dias por semana, oito horas por dia, servindo mesas como garçom, significa que você está trocando a sua energia = esforço, tempo e vida, empregados por uma certa quantia que é representada por uma moeda.

De igual modo, se você adquiriu conhecimentos e habilidades suficientes para operar na bolsa de valores e decide empregar uma certa quantia em ações de uma empresa promissora, investiu horas estudando sobre essa companhia, fazendo projeções de gráficos, informando-se com pessoas mais experientes, e decide fazer um aporte consciente esperando que em alguns meses o investimento trará um retorno de 30%, e no final desse tempo sua previsão se realiza, essa energia foi processada e trouxe a sua recompensa.

Outro exemplo seria você tomar a decisão de estudar uma área nova, que você enxergue como oportunidade de negócio. Você percebe que não tem todas as habilidades para desenvolver o negócio, mas não para no desafio. Você se desenvolve, aprende, conecta-se com pessoas mais experientes, cria *network*, desenvolve o negócio e começa a fazer dinheiro. Toda essa energia em movimento, mais o tempo aplicado, a paciência, o conhecimento, a inteligência desenvolvida e a perseverança, formaram um negócio que faz dinheiro.

O movimento de gerar coisas onde antes não havia nada é bem assim: de repente uma ideia surge em sua mente, desce até o seu coração e acende uma fagulha de paixão. Essa paixão te deu a motivação essencial para fazer o que é necessário e desenvolver a ideia. A paixão sozinha não dura muito tempo, ela só serve para o estopim inicial. Então você precisa traçar um objetivo claro e se comprometer em cumpri-lo. Adicione nessa receita a perseverança para suportar as adversidades do percurso, porque elas virão inevitavelmente. A perseverança é como passar por cima dos obstáculos olhando para a linha de chegada, vendo o prêmio lá na frente.

Capítulo 2
QUEM É VOCÊ?

"**Q**uem é você?" é uma pergunta que faz 99,9% das pessoas tremerem. Você já se viu em alguma entrevista tendo que responder quem é você e qual é a sua história?

Identidade é pessoal e intransferível. É a única coisa, junto aos seus pensamentos e suas emoções, que pertence unicamente a você. Mas você sabe como se apresentar? Sabe mesmo como se mostrar para o mundo? Você tem clareza plena a respeito da imagem que define você e que te torna diferente, único e especial?

Conhecer a própria identidade é importante na jornada de qualquer pessoa. A vida é como um oceano e a nossa identidade é como um veleiro no meio dele. Conhecer a sua identidade vai te dar o mapa para navegar. E onde você estiver orientado para chegar, você chegará. Por isso continue comigo, pois eu vou usar o meu próprio exemplo para revelar como conhecer a si mesmo pode te ajudar a se posicionar em meio às pressões da vida sem perder o rumo, firme no seu propósito.

Perfil de personalidade

Todas as pessoas têm um perfil de personalidade e de comportamento. Qual é o seu? Já parou para pensar que o seu perfil de comunicação influencia diretamente no sucesso que você tem nos relacionamentos, na carreira e nos negócios?

O seu perfil de personalidade, a maneira como você se comunica e os arquétipos que sustentam a narrativa da sua história estão contidos em toda a sua forma de se expressar. Mas a maior parte das pessoas não conhece e não se apropria desse autoconhecimento tão valioso.

Vou apresentar o meu perfil, na esperança de encorajar você a se conectar consigo mesmo em um nível mais profundo de conhecimento e domínio da sua própria identidade.

Eu sou uma pessoa moldada pelas adversidades, com uma força interior que nasceu das dificuldades. Essa trajetória me concedeu um espírito resiliente e combativo, sempre determinado a alcançar meus objetivos e realizar meus sonhos. Eu enxergo a vida através de uma lente prática e dominadora, focado em resultados tangíveis. Mesmo com uma essência tímida e uma inclinação natural para me manter nos bastidores, a vida frequentemente me colocou em posições de liderança, em que fui desafiado a assumir a dianteira. Minha tendência ao perfeccionismo e a análise minuciosa reflete um profundo desejo por ordem e excelência. No entanto as exigências do mundo empresarial me ensinaram a ser ágil e pragmático, aceitando que muitas vezes o "feito é melhor do que o perfeito". Eu combino essa mentalidade com uma visão estratégica e um forte senso de responsabilidade, características que me posicionam como um líder natural.

No perfil arquetípico, eu navego pela tríade do Herói, do Sábio e do Governante. Cada pessoa tem a sua tríade de arquétipos. Você precisa descobrir a sua. Por isso, para exemplificar, eu vou te contar adiante como essa tríade é formada usando a minha identidade e o meu posicionamento pessoal.

O Herói

O arquétipo do Herói é movido pelo desejo de superar obstáculos e fazer a diferença. Ele representa coragem, determinação e sacrifício. Sempre em busca de vencer as adversidades, o Herói inspira os outros por meio de suas ações heroicas e de sua vontade de proteger os mais vulneráveis.

Ele é o arquétipo do guerreiro, aquele que enfrenta desafios para alcançar a vitória e trazer mudanças positivas.

Minha vida de lutas e superação não só me fortaleceu, ela também me transformou em uma fonte de inspiração para os outros. Eu encarno o guerreiro, sempre pronto para enfrentar os desafios de frente e servir como um exemplo de perseverança.

Como já contei aqui, as dificuldades que fui obrigado a superar desde muito novo me deram tenacidade. Todas as vezes que você tiver que passar por uma situação que cause dor, medo, aflição e angústia, é provavelmente nessa situação que está o seu passaporte para o próximo nível de maturidade e crescimento.

Olhando por uma perspectiva militar, o melhor general é aquele que tiver passado por situações de combate dentro de uma visão micro, no um-a-um até o *status* de comando de tropas e planejamento de estratégia.

Falar pela perspectiva militar é natural para mim, pois eu fui imerso nesse ambiente na minha infância e na minha adolescência. Meus tios maternos eram todos militares. Além disso, meu pai fazia parte da segurança pública. Enquanto esteve conosco, ele sempre trazia livros de capa dura com ilustrações de aviões, tanques de guerra, navios e porta-aviões de combate. E eu via nele um desejo de que eu seguisse na jornada de me tornar um combatente. Meu pai sempre dizia que eu seria um fuzileiro naval, pois esse era o sonho dele. Ele não tinha clareza do que estava fazendo, mas inconscientemente estava plantando a semente do guerreiro em mim.

Essa influência do meu pai e dos meus tios e primos militares me provocou a estudar para prestar concursos. Eu passei em muitos deles e outros ficaram apenas na experiência. Mas mesmo naqueles em que eu fui aprovado, não me convenciam de que era o caminho a ser trilhado, pois você pode cultivar o espírito do guerreiro e nunca ter sido militar, no entanto deve conhecer bem as suas batalhas e usar as armas disponíveis para vencer dentro da sua realidade. Outros podem vestir a farda e nunca se encontrarem no militarismo, pois estão apenas cumprindo uma carreira por necessidade, para pagar as contas ou por influência de outros, sem nunca terem tido a experiência de viver plenamente a sua identidade e o seu propósito.

Eu não vesti a farda militar, mas desenvolvi o espírito de combate. Os desafios que a vida me trouxe foram as batalhas que eu precisei vencer para gerar experiência, e com a experiência perseverança, e com a perseverança vitórias. E, assim, uma história que inspira outras pessoas pode ser contada para que outros guerreiros se levantem.

Meu perfil arquetípico principal é o do herói/guerreiro porque isso se revela na minha história e na minha comunicação. Servir e inspirar pessoas a descobrirem o poder da sua identidade, e usar esse poder para gerar valor, para posicionar, influenciar seus relacionamentos e negócios, é o herói em ação.

O Sábio

O arquétipo do Sábio é guiado pelo conhecimento e pela verdade. Ele busca entender o mundo ao seu redor, explorando profundamente questões existenciais e procurando sabedoria em cada experiência. O Sábio valoriza o aprendizado constante e sua missão é iluminar os outros, ajudando-os a ver além do superficial. Ele acredita que o conhecimento é o caminho para uma vida mais significativa e para a evolução da sociedade.

Desde muito cedo percebi uma sede por conhecimento e entendimento. Eu estava sempre rodeado de livros. Amava sentar na sala da minha avó materna e folhear as enciclopédias do meu tio. Ele era oficial da Aeronáutica e, na época, estudava Engenharia, por isso a estante estava repleta de livros sobre temas diversos como matemática, física, anatomia humana, ótica, biologia, entre outros. Eu passava horas ali, folheando e lendo aqueles livros. Todo aquele conhecimento brilhava como ouro e exercia em mim uma atração e uma curiosidade irresistíveis.

Meus tios dizem que eu era um garotinho muito inteligente, que conversava sobre qualquer tema. Sinceramente, não me lembro dessa fase tão falante da minha infância, mas acredito. Também acredito que os traumas da infância podem ter suprimido minha habilidade de me comunicar por um tempo, mas esse talento estava lá. Vou contar em outro momento como ele foi se revelando ao longo das minhas experiências.

Ler e estudar tornaram-se uma constante para mim. Como contei no capítulo anterior, comecei a trabalhar muito cedo, mas nunca deixei de estudar, pois sempre soube que o conhecimento me levaria a lugares mais elevados.

Conhecer é mergulhar em algo que te atrai. O conhecimento é poder quando você aprende e aplica, e também é poderoso quando você o entende e o compartilha com os outros. O conhecimento é como uma luz que revela o que é preciso, ilumina o caminho, oferece entendimento e expande a mente e a visão para ocupar lugares maiores e ir mais longe.

Mas há uma diferença entre conhecimento e sabedoria: o conhecimento é a acumulação de informações, fatos e habilidades que adquirimos por meio de estudo, experiência e aprendizado. É tudo o que sabemos sobre o mundo. Na essência, o conhecimento é uma ferramenta para gerar entendimento.

A sabedoria, por outro lado, é a capacidade de aplicar o conhecimento de forma ponderada. Ela envolve discernimento, compreensão profunda e a habilidade de fazer julgamentos apropriados em qualquer situação. Enquanto o conhecimento é sobre "saber o quê" e "saber como", a sabedoria é sobre "saber quando" e "saber por que". Além disso, a sabedoria gera empatia, ilumina nossas experiências e revela um senso de ética e de propósito.

Na minha identidade, a busca por entendimento ganhou um novo capítulo quando o vazio a respeito do significado do meu nome foi revelado. A partir dali, meus porquês começaram a fazer sentido e eu passei a enxergar as respostas.

Um dos episódios mais dramáticos e reveladores da minha vida foi a descoberta do significado do meu nome. Essa busca por sentido precisava começar dentro de mim. E ao começar pelo meu nome, revelou o quão precioso pode ser esse entendimento: quando você percebe que o seu nome é apenas o começo da sua história, que ele carrega sua essência e seu propósito. Seu nome pode ser a ignição para contar uma história única no mundo. Cada vez que você o pronuncia está lembrando a si mesmo e aos outros o que você representa e como deseja ser percebido.

Minha busca por entendimento e significado reflete uma profunda necessidade de compreender o mundo e as razões por trás das coisas, o que inevitavelmente me aproxima do Criador. A sabedoria, afinal, é a busca pelo entendimento, guiando minhas decisões com clareza e propósito. Essa busca por entendimento não tem fim, pois ela te leva ao Dono de Todo o Saber. Há um trecho na Bíblia, nos Provérbios de Salomão, que revela que a Sabedoria andava com Deus antes mesmo de a criação ganhar forma. A Sabedoria estava com Deus no princípio de tudo, foi Sua arquiteta e Sua fonte de alegria. E diz mais: "Aquele que encontra a sabedoria encontra a vida e alcança o favor de Deus" (Provérbios 8:35).

Portanto meu perfil arquetípico secundário é o do Sábio, aquele que busca o entendimento e o revela aos outros sedentos por clareza.

O Governante

O arquétipo do Governante tem como objetivo trazer ordem, estabilidade e segurança. Ele se vê como um líder natural, responsável por estabelecer regras e tomar decisões em prol do bem-estar coletivo. O Governante é movido pelo desejo de criar um ambiente organizado e próspero, garantindo que todos ao seu redor tenham o que precisam para crescer. Ele é o arquétipo da liderança, que governa com autoridade e responsabilidade.

Minha inclinação pela ordem e organização, combinada com uma forte capacidade de liderança, faz-me entender esse arquétipo presente em minha personalidade, pois governo é ordem. Eu valorizo a estrutura, a disciplina, e tenho um desejo inato de criar e manter a ordem em tudo que faço. Se você perceber, até a arte precisa de moldura. A música só é bela porque há ritmo, harmonia e melodia organizadas matematicamente para fluir nas ondas sonoras e ser percebida como tal.

Em 2016, eu participei de uma imersão do SOAR Global Institute, para identificar meus perfis de comunicação e comportamento. A experiência foi reveladora. Apesar de anos atrás eu ter feito uma pesquisa de temperamento, já mirando nessa busca de entender o meu papel no mundo e me aprofundar em conhecer mais a respeito de mim mesmo, essa pesquisa já havia me dado traços importantes do meu temperamento, posicionando-me como colérico e melancólico. E o colérico está muito alinhado ao perfil do Governante.

No entanto, quando participei do SOAR, o nível de aprofundamento nos detalhes que analisam os perfis de comunicação e comportamento, deu-me muito mais respaldo para entender a minha orientação para navegar com maestria na minha comunicação; inclusive, deu-me entendimento para analisar o perfil de outras pessoas. E posso dizer que muitas vezes bastam cinco minutos de conversa para levantar os traços mais fortes da personalidade de uma pessoa.

No meu caso, o SOAR me ajudou a identificar com mais clareza o perfil dominante, que se alinha com o temperamento colérico e clama por ordem, organização e produtividade. E além do dominante, o analítico foi revelado como a outra metade mais significativa do meu perfil. Isso me mostra um outro lado, que tende para o sábio e o artista. O mais interessante disso tudo é que a dinâmica do SOAR ainda confirmou uma percepção particular a respeito da minha habilidade desenvolvida para a comunicação. O meu lado analítico, que tende a ser mais introvertido, foi flexibilizado para ser mais extrovertido, mais fluido e mais comunicativo. E a habilidade de comunicação é vital, pois é exatamente o que nos conecta, que gera relacionamentos, que cria redes, que faz crescer e multiplicar.

Sem a graça na comunicação e nos relacionamentos, o Governante pode ser confundido facilmente com o opressor. E para liderar, para exercer ordem, para inspirar, você precisa aprender a se comunicar com sabedoria e graça.

Por isso, ao reconhecer minha história e esse perfil arquetípico, eu consigo enxergar as características preciosas da disciplina, da organização, da ordem, da direção e da segurança.

Eu fiz questão de descrever o meu perfil arquetípico para mostrar o quão importante é conhecer a si mesmo para se tornar forte no seu posicionamento.

Entender quem é você é como ter o mapa para navegar no oceano de incertezas e contra os ventos de impressões e opiniões alheias. A nossa vida tem tempo, e perder o tempo sem viver o potencial da sua identidade traz muita frustração e vazio por falta de sentido e de propósito. Você mesmo pode criar um propósito para viver e isso pode alimentar a ilusão de dar valor e sentido para a sua vida. Mas lembre-se que se isso foi inventado por você, pode não encontrar apoio na verdade de quem você é.

O seu nome é o começo da jornada

Você já teve interesse em saber o significado do seu nome?

No passado, e principalmente nas culturas do Oriente, os nomes sempre carregaram a força da identidade em seus significados. Conscientemente, os pais davam nomes aos seus filhos, imprimindo neles uma direção para suas vidas.

Cada nome carregava uma história, um desejo ou uma promessa, refletindo tanto os valores da família quanto às expectativas para o futuro daquela criança. Na época, o nome não era apenas uma forma de identificação; ele era uma declaração de quem aquela pessoa deveria ser, qual missão poderia cumprir e que tipo de impacto traria para o mundo ao seu redor.

Atualmente, muitos de nós desconhecemos o verdadeiro significado dos nossos nomes. No entanto resgatar essa conexão pode ser uma experiência poderosa, pois os nomes ainda têm o potencial de revelar aspectos profundos da nossa identidade. Olhar para o significado do nosso nome é como revisitar as intenções dos nossos pais e entender um pouco mais sobre nossa própria jornada. Isso nos ajuda a compreender de onde viemos e nos permite redefinir a direção para onde queremos ir.

Vou contar uma história que, até o momento em que escrevo este livro, ainda não revelei publicamente. Somente minha esposa e algumas poucas pessoas conhecem essa experiência. Isso vai exemplificar porque acredito que sua identidade começa no seu nome.

Como já mencionei no capítulo anterior, meu pai me deu o nome dele, então passei a me chamar Edson Alves de Araujo Júnior.

Só para amarrar bem a história – e isso fazer sentido no contexto que estou trazendo – vou recontar a seguir, de forma bem resumida, a minha trajetória até o ponto que considero mais relevante em relação à importância que você deve dar ao seu nome.

Nasci em Mesquita, uma pequena cidade do estado do Rio de Janeiro. Fui criado em um bairro muito pobre de Nova Iguaçu, também no Rio de Janeiro. Minha família era cristã, evangélica, e eu, o filho mais velho de quatro irmãos, desde pequeno manifestei aptidões artísticas para desenho, pintura, escultura, modelagem, escrita, poesia, música e instrumentos.

Aos 10 anos de idade meu pai nos deixou. Minha mãe, que ainda não havia trabalhado fora, assumiu todas as responsabilidades domésticas. E aos 10 anos recebi a pesada mochila da responsabilidade de me tornar o arrimo da casa. Logo estava criando modelos de massa durepox para peças decorativas, imãs de geladeira e outros itens artesanais que vendíamos aos vizinhos e amigos.

Enquanto trabalhava como balconista na loja de materiais de construção, eu enfrentei não apenas as dificuldades do trabalho e do abandono paterno, mas também um acidente marcante: ao escalar uma pilha de sacos de cimento sofri múltiplas fraturas na perna direita. Esse episódio não deixou apenas cicatrizes físicas, ele também impactou profundamente minha autoestima, agravada pelos apelidos cruéis que ecoaram a ausência da figura paterna para fragilizar minha identidade. Esse momento foi um divisor de águas em minha infância, deixando marcas que influenciaram minha trajetória.

Minha mãe foi uma verdadeira guerreira. Ela era uma mulher de fé e me ensinou a nunca desistir e a aplicar fé em tudo o que eu fazia. Embora tenha demorado para entender, mais à frente você verá que tudo fez sentido.

A família do lado da minha mãe passou a nos apoiar muito depois que meu pai nos deixou. Após o acidente, fui morar com uma tia, casada com uma pessoa que admiro muito, que se tornou mais do que um tio, tornou-se um valioso conselheiro, e tive a felicidade de tê-lo celebrando meu casamento. Esse casal de tios foi fundamental para me ajudar a moldar meu caráter, pois eles foram importantes referências morais e de modelo familiar.

Mas avançando na história, sempre trabalhando, comecei a conquistar coisas que meninos da minha idade não tinham ou, se tinham, era por intermédio de seus pais. Eu, no entanto, tive o orgulho de trabalhar e comprar com meu próprio dinheiro minha primeira bicicleta *mountain bike*.

Minha família me influenciou a estudar para concursos militares. Estudei e passei para a Marinha, Aeronáutica, Polícia Militar, Guarda Municipal, entre outros. Esses concursos fizeram parte da minha adolescência, mas algo me dizia que isso ainda não era o suficiente. Embora tivesse orgulho de passar nesses exames, eu buscava uma liberdade maior.

Aos 19 anos eu trabalhava em uma companhia telefônica e ganhava muito bem. Inclusive, tinha sido aprovado para um cargo público na força de segurança do meu estado. Eu tive que escolher entre o cargo público e o emprego nessa companhia telefônica. Eu escolhi o que trazia menos segurança, o emprego.

Esse não é o tema central deste capítulo, mas aqui você já começa a perceber o que de fato seria "ordenhar as pedras", pois a minha escolha não parecia inteligente aos olhos dos meus familiares e fui criticado por alguns, mas o meu destino hoje é fruto das escolhas que fiz, para o bem ou para o mal. Tanto assim que, ao abandonar a "segurança" do cargo público, eu desenvolvi uma força mental, que foi não depender de "estabilidade", e, ainda mais, como eu já tinha traçado um objetivo naquela época, que era comprar um apartamento na Zona Sul do Rio, eu precisei de dois anos de sacrifício, guardando cada centavo que eu podia guardar e ter o suficiente para comprar aquele apartamento. Nada de festas, nada de lanches na rua, nada de cinema ou qualquer outro luxo que roubasse o recurso desse objetivo. E esse foi o meu ato de independência. Ao comprar esse apartamento, eu saí da casa da minha mãe e do convívio com meus irmãos para morar sozinho em Botafogo, Rio de Janeiro.

Nesse mesmo tempo, eu estudava Direito em uma universidade. Certo dia, um professor de Direito Internacional fez uma provocação: *"Se vocês quiserem uma vida mediana prestem* concurso público, vocês nunca mais terão preocupações na vida. No entanto, se quiserem uma vida mais interessante, sem limites, sejam empresários. Essa é a diferença entre ser mediano e ser extraordinário".

Essa fala me marcou, mas ela foi apenas uma peça do quebra-cabeça. Eu ainda não tinha uma identidade formada, restaurada ou ressignificada. Eu tinha alguns objetivos, mas o meu caminho estava confuso justamente por essa desconexão com a minha identidade. Ou seja, eu tinha perseverança para avançar e conquistar o que queria, mas o mais difícil nessa jornada é que se você não tem a sua identidade bem alinhada com o seu propósito, portanto com o seu destino, corre o risco de ficar perdido no meio do caminho e, por consequência, nunca chegar ao lugar que te traz senso de completude.

A ausência do meu pai deixou uma grande lacuna na minha alma. Sem ele para ser o modelo de homem, para me aconselhar naqueles momentos críticos da vida, eu busquei orientações de pessoas que eu achava que faziam sentido naquele meu contexto. Sem referência e sem um destino claro, cometi muitos erros na minha adolescência e na minha juventude, principalmente entre os 19 e 24 anos. Erros que me envergonham até hoje.

Aos 24 anos eu já vivia uma crise existencial, que estava ligada a essa desconexão com a minha identidade, que era fruto do rompimento com o meu pai. A minha relação com

Deus era frágil, distante, confusa e cheia de medos. Quando a sua relação com o seu pai é conturbada, problemática ou desconectada, isso transborda para a sua relação com Deus Pai. Se você, que está lendo este livro, crê que existe um Pai Celestial, vai entender o que estou dizendo. E se você ainda não crê, nas próximas linhas desta obra tenho certeza de que você será desafiado a acreditar que Ele é.

Nessa fase, dos 23 aos 24 anos, eu entrei para uma banda de rock, formada por amigos da Zona Sul do Rio. Essa banda foi uma experiência e tanto. Eu já havia estudado música e instrumentos na minha adolescência. Guitarra era o meu instrumento favorito e, modéstia à parte, eu tocava muito bem. Eu acabara de sair de um relacionamento conturbado, também pela minha própria incapacidade de liderar a minha vida, e esse rompimento acabou fazendo outro estrago profundo na minha alma. Eu já não tinha o amor do meu pai, não confiava no amor de Deus e então, a pessoa que eu julguei que me amava, estava me deixando, para marcar um novo episódio de abandono. Hoje eu sou grato por esse relacionamento ter sido desfeito. Apesar do rombo afetivo, e das consequências horríveis que eu vivi logo após esse rompimento.

O que eu queria era paz para o coração. Para você ter noção de como a nossa identidade e as nossas emoções fragilizadas transbordam para as outras coisas que a nossa vida toca, o nome dessa banda foi sugerido por mim. E para quem estava com a alma destroçada emocionalmente, precisando realinhar sua identidade e suas emoções, essa ferida aberta precisava de um tratamento profundo. Mas o que eu buscava era o paliativo porque, verdade seja dita, ninguém quer sentir dor. Então, voltando ao nome da banda, eu sugeri chamar a banda de "Band-Aid".

Para quem não sabe, Band-Aid é uma marca famosa de curativos adesivos da empresa Johnson & Johnson. Esses curativos são usados para cobrir pequenos cortes, arranhões ou feridas na pele, protegendo a área de sujeira, o que ajuda a evitar infecções e auxilia no processo de cicatrização. Entendeu? A ferida era complexa e profunda demais para cobrir com "Band-Aid". E era exatamente isso que eu estava fazendo, escondendo a ferida.

Nessa mesma época, os meus amigos da banda, vendo-me tocar, exclamavam sempre o nome "Jimmi", fazendo referência ao famoso guitarrista americano dos anos 60, Jimi Hendrix. Eu já não tinha prazer em usar o meu nome, e daí a receita para viver uma máscara já estava prontinha. Eu aceitei o apelido "Jimmi" e passei a pedir às pessoas que me chamassem assim. E logo pegou! Em pouco tempo ninguém me chamava mais pelo meu primeiro nome. Eu passei a ser Jimmi.

Eu vivia todas essas frustrações afetivas e a desconexão com Deus e comigo mesmo. Mas eu queria, mesmo no íntimo da minha alma, reconectar-me e encontrar meu propósito. Porque não adianta procurar em qualquer outra coisa uma solução para preencher o vazio existencial que o ser humano carrega. Esse vazio só é preenchido depois que você alinha a sua identidade com o seu criador e encontra nessa reconexão o seu verdadeiro propósito.

Quando eu estava sozinho em meu apartamento, às vezes eu orava a Deus pedindo respostas. Eu passei a visitar uma comunidade cristã em Botafogo e lá conheci um grupo de jovens bem ativos e apaixonados por fazerem a diferença. Havia dois líderes nessa comunidade e eu passei a me relacionar com eles. Buscando essa reconexão com Deus, eu comecei a me comprometer mais e mais nesse movimento. E tudo tem um tempo e um processo.

Depois de alguns meses andando com esses líderes de jovens, um dia eles convidaram a banda para uma conversa, e ali ouvimos que aquele nome e o propósito daquela banda de rock estavam desalinhados com o propósito que deveríamos cumprir. Essa sugestão que recebemos de desfazer a banda foi um soco na boca do meu estômago, mas eu tinha muito temor de fazer as coisas na rebeldia das minhas próprias vontades desajustadas, e como eu queria muito essa reconexão, eu aceitei desfazer a banda, a contragosto da maioria. Porém essa foi a primeira peça que precisou ser removida nesse capítulo da minha história de restauração e ressignificação de identidade.

Depois de um tempo de banda desfeita, eu já estava compondo músicas para eventos dessa nossa comunidade. Cheguei até a criar uma peça musical de Natal com sete atos, envolvendo música e interpretação. Essa foi uma grande experiência, que me mostrou que havia algo muito precioso, talentos incríveis que estavam escondidos debaixo das pedras entulhadas no meu interior. Ali, eu ganhei espaço e me tornei ativo, mas ainda usava o apelido "Jimmi". No entanto, quando você se aproxima de Deus, não tem jeito... A Luz vai chegar! E quando a luz chega, o que estava escondido começa a aparecer. Ninguém vive enganado na presença do Criador.

Então, um dia um dos líderes daquele movimento de jovens, o Beto, chamou-me para uma conversa e disse assim: *"Deus falou comigo e me trouxe a impressão de que você precisa abandonar seu apelido e usar seu nome real"*. Essa foi mais uma conversa desconfortável. Como eu disse, eu estava em um processo de reconexão, e dentro desse processo não cabiam coisas inventadas, pois a identidade de alguém não se sustenta na mentira ou em coisas fabricadas.

Nesse dia, eu saí muito decepcionado dessa conversa, pois já havia entregado a banda de rock, e então nem o apelido eu poderia mais usar. E a essa altura todos já me chamavam de Jimmi. Eu havia construído um *branding* por meio desse nome.

Não é brincadeira, eu odiava meu nome, "Edson". Esse é o nome do meu pai. E as associações que eu fazia com o meu pai me traziam mais sentimentos ruins do que bons. Era pesado e desconfortável para mim usar o nome do meu pai pelas lembranças amargas que me trazia. No entanto, naquela noite, voltando para casa, fui honesto ao me dirigir a Deus, e no meio da rua eu disse a mim mesmo: "*Eu não quero usar meu nome. 'Edson' é um nome idiota, que não tem significado algum*!". E no mesmo momento, Deus me respondeu assim: "Você não sabe do que está falando! Pesquise o significado do seu nome!".

Depois de ouvir isso, eu andei acelerado, pois fui tomado por uma espécie de ansiedade e curiosidade que me fizeram chegar em casa em poucos minutos. Então, chegando lá, fui pesquisar. Descobri que o nome Edson é de origem anglo-saxã e que é a contração de "Edward" (Eduardo = Ed) + "Son" (Filho), ou seja, "filho de Eduardo". Interessante, mas ainda não me ofereceu muita coisa. Daí fui pesquisar o significado do nome "Eduardo", e me surpreendi! Eduardo significa "Guerreiro Próspero". Logo, "Edson" significa "filho do Guerreiro Próspero".

Naquele momento, lágrimas pesadas correram dos meus olhos, pois a minha alma encontrou lugar e a minha identidade começou a ser alinhada ali mesmo. Naquele instante recebi uma ressignificação profunda que me trouxe sensos de valor, propósito e destino. E para confirmar, eu recebi essa impressão como se Deus falasse comigo esta tríade: "Filho do Guerreiro Rico, do Guardião da Riqueza, do Senhor dos Exércitos". Foi impossível conter o choro, pois aquele foi o dia em que o meu destino começou a ser ajustado, a minha frequência começou a sintonizar com a de Deus e a carência de pai foi instantaneamente preenchida, pois com essa tríade revelada a respeito do significado do meu nome, Deus confirmou em mim a paternidade d'Ele.

Ter essa conexão com Deus, reconhecendo n'Ele o Pai que eu sempre ansiava, mudou a minha percepção, trouxe-me valor, encheu-me de significado, deu-me sentido, mudou a minha rota e a minha história para sempre. Deus, quando Se apresentou a Moisés no meio do arbusto em chamas, apresentou-se como "Eu Sou". Pense nisso. Se nós viemos de Deus, nossa identidade encontra raiz n'Ele mesmo, que é o Grande Eu Sou. Portanto, você só terá plenitude para viver a sua identidade integral quando se encontrar com Ele.

E no final, tudo o que você viver, tudo o que você fizer, só terá sentido se você for conhecido por Deus. A sua identidade deve ser revelada na essência, não mais de criatura, mas de filho e filha do Criador. E quando você descobre que pode ter acesso à presença e à intimidade do Pai Celestial, esse relacionamento vai te levar a lugares que se alinham com o propósito que está plantado no seu coração.

Se você é zeloso com a sua casa e com as pessoas que têm acesso a ela, vai entender que quem senta à sua mesa senta contigo porque é íntimo. Você não chama qualquer pessoa para sentar com você e desfrutar da sua intimidade, da intimidade da sua família. Você precisa conhecer a pessoa, ela precisa ter gerado confiança. Quando eu passei a entender a minha posição de filho e tive minha identidade ressignificada em Deus, eu passei a desfrutar conscientemente do acesso que está disponível para mim. E é por isso que todos os dias eu faço esta declaração de gratidão: "Obrigado, ó Deus Pai, por abrir a porta da Tua casa e me dar um lugar na Tua mesa". Isso é identidade restaurada. Isso é desfrutar da Paternidade de Deus. E você, tem desfrutado da paternidade de Deus? Como isso tem se revelado na sua vida?

Hoje, por conta dessa impressão que recebi sobre a minha identidade, posso dizer que estou no trilho do meu propósito. Este livro, inclusive, faz parte dele. E porque a luz do grande EU SOU iluminou a minha identidade, eu tenho segurança para viver plenamente nesse eixo que dá sentido para minha vida.

E como tudo o que Deus faz, multiplica. Ele me deu uma grande riqueza, que é a minha esposa Daniella, e juntos formamos uma família linda. Tivemos dois filhos, e nesse processo incrível me tornei um pai amoroso, firme e comprometido com a identidade dos meus filhos. No momento em que escrevo este livro, tenho um casal: John, de 7 anos, e Zoe, de 2 anos. Minha família é leite extraído das pedras mais duras, que me traz alegria, completa a minha vida com amor e significado e me permite desenvolver um legado.

Quais experiências você já teve relacionadas ao seu nome? Se você ainda não conhece o significado do seu nome, busque! Conhecer o significado pode virar uma chave que abre uma porta de felicidade.

Não é apenas o seu nome que dá sentido para sua vida. Mas no meu caso, precisei receber de Deus uma revelação para ressignificar o valor da minha identidade. Quem sabe, seu nome não revela uma característica preciosa que trará sentido e profundidade à expressão de quem você é.

Capítulo 3
QUAL É A SUA JORNADA?

Quem sabe a sua identidade sabe também o seu destino.

Sempre haverá uma terra que produz leite e mel para aqueles que confiam que Deus tem um destino de prosperidade, de abundância, de transbordo e de generosidade.

Eu acredito que há um comando eterno do Criador que ecoa dentro de nós, mas pode estar abafado pela falta de clareza de identidade, propósito e destino. E se olharmos para a narrativa bíblica em Gênesis 1 e 2, esse comando foi plantado em Adão, primeiramente. Então Deus criou um jardim de delícias, depois ele criou o homem e o pôs lá dentro do jardim para desfrutar: "De toda árvore do jardim, comerás livremente" (Gênesis 2:16). Também o pôs no jardim para governar sobre a criação: "E dominai sobre os peixes do mar, e sobre as aves dos céus, e sobre todo o animal que se move sobre a terra" (Gênesis 1:28). E, então, vemos algo surpreendente no caráter de Deus. Observando o desempenho de Adão no Jardim do Éden, Ele julgou que Adão precisava de uma auxiliadora que fosse à altura dele, alguém que pudesse ajudá-lo a escalar o seu legado. Então Deus criou Eva da costela de Adão, e os dois se tornaram um casal, uma só carne, uma coisa só, uma família; daí o terceiro comando fundamental nessa tríade faz todo sentido. E esse comando foi o da multiplicação: "E Deus os abençoou e lhes disse: frutificai, e multiplicai-vos, e enchei a terra, e sujeitai-a" (Gênesis 1:28). Ou seja, há um segredo guardado dentro de nós que pode ser acessado quando entendemos a nossa identidade na origem.

Quando vamos crescendo e acumulando experiências, as informações que recebemos nem sempre estão claras. Eu gosto de usar o símbolo do quebra-cabeças quando se fala de vida e de história pessoal porque o quebra-cabeças é feito de peças que se encaixam. Para montar o quadro você precisa ter as peças e precisa também da referência, ou seja, de clareza a respeito da imagem que está sendo montada.

Espero que você esteja me acompanhando em meu raciocínio, pois comigo é bem desse jeito. Eu consigo, em minhas reflexões, enxergar as peças do quebra-cabeças, mas o quadro vai sendo montado ao longo da jornada. É possível ver áreas da minha vida com as peças já encaixadas, que vão revelando uma parte bonita desse quadro. Já em outras áreas, preciso das peças, ou da referência, para poder compor aquela parte específica. E se você pensar dessa forma, o jogo começa a ficar mais interessante. É óbvio que você quer concluir o quebra-cabeças, mas se lembre de que esse é o jogo de uma vida inteira e nem sempre o quadro vai ser concluído no final, mas você precisa encontrar prazer nessa jornada.

Outro exemplo que eu uso para ilustrar essa jornada é o veleiro em alto-mar. As perguntas que fazem qualquer ser humano, que não tem certeza da sua identidade, do seu propósito e do seu destino tremer são: "Quem é você?" e "Qual o seu propósito?".

Eu faço uma dinâmica em minhas palestras que é inesperada. Eu me dirijo a alguém aleatoriamente e pergunto: "Quem é você?". E não é brincadeira quando eu digo isto: a maioria absoluta das pessoas começa a tremer e a gaguejar, porque ficam tentando formular uma resposta que faça sentido. Daí a maioria vai falar da sua formação, do seu sucesso na carreira, da empresa que dirige, da família que tem etc. Mas nenhuma das respostas que eu ouvi até hoje foi transmitida com certeza e clareza. Sabe por quê? Porque a vida é dinâmica, e como um barco à deriva, a maioria das pessoas está somente navegando. Isso mesmo, simplesmente navegando na vida, colhendo em suas velas todo o vento de opiniões, sendo lançadas de um lado para o outro, com alguma ideia vaga de destino, sem bússola e sem mapa. Ou seja, PERDIDAS, sem descobrirem o potencial que está ancorado em seu propósito e em sua real identidade.

Portanto o veleiro em alto-mar representa a sua identidade no mundo. E ninguém navega no oceano sem uma rota, sem um mapa, sem uma bússola, que ofereça orientação. E o mais importante, ninguém navega sem um destino. O maior problema da humanidade talvez seja a falta de clareza de identidade e de propósito.

Isso é um tema que eu posso falar com autoridade, pois durante boa parte da minha vida eu vivi perdido no oceano de incertezas. Eu senti a dor de não conhecer a minha identidade e o meu propósito. E essa dor na alma, a dor da ausência de clareza e de entendimento, a dor de não viver o desfrute, a dor de não ter governo pleno sobre a própria vida, a dor do crescimento retido, a dor da falta de orientação e de destino faz com que a gente opere na tentativa e no erro.

Apesar da falta de clareza a respeito da minha identidade, desde muito novo eu percebia qualidades e talentos naturais que apontavam em uma direção. Por exemplo: a habilidade com as artes foi desenvolvida para operar em negócios. Hoje, eu consigo operar livremente como diretor de arte e como designer. Na música, trouxe-me sensibilidade para entender trilhas e emoções que são geradas em campanhas publicitárias, que irão fazer sentido no contexto narrativo e compor o ambiente que evoca as emoções certas. Na escrita, sou capaz de redigir poesias, matérias e livros, como este que estou escrevendo, por exemplo. E qual o sentido disso? Essas habilidades estavam lá, naquele menininho de 10 anos que foi abandonado pelo pai e que precisou trabalhar para ajudar nas despesas da casa. Todos esses talentos estavam na forma de semente e precisaram ser desenvolvidos para me ajudar a compor a minha história.

Mesmo adolescente e ainda sem a clareza a respeito da minha identidade, eu sempre estabeleci metas para minha vida. E essas metas foram um ótimo exercício de fé, de atitude e de conquista. Por exemplo: com 14 anos eu decidi comprar a minha primeira bicicleta, com 15 anos eu realizei. Com 19, eu decidi comprar o primeiro apartamento, e com 21 eu realizei. Com 21, eu lancei a meta de abrir a minha primeira empresa até os 30 anos, e com 29 eu realizei. Aos 29, decidi noivar e me casar com a Daniella em quatro meses, e nós realizamos! Aos 30, decidimos comprar um carro, e mesmo sem recursos fomos na concessionária e compramos, e o recurso veio. Aos 30, decidimos mudar de Botafogo para a Barra da Tijuca. Passamos a visitar os ambientes da Barra, restaurantes, supermercados, praias e passeios. Fizemos isso durante três meses. Logo depois estávamos morando lá. Decidimos também mudar o escritório da agência do Centro do Rio para a Barra da Tijuca, e depois de quatro meses isso também foi feito. Aos 33 anos, decidi me mudar para os Estados Unidos e estabelecer uma nova vida. Seguindo o exemplo da Barra, fiz as visitas de reconhecimento para experimentar os ambientes e construir esse caminho, e realizamos quando eu tinha 35 anos.

Já nos Estados Unidos, decidimos ter nosso primeiro filho, e eu temia muito que os negócios demorassem para dar certo. Eu tenho uma pessoa muito especial aqui na América, que de vez em quando me sento com ele para pedir conselhos. E são os conselhos que considero mais caros, pois todos eles deram certo.

Nós queríamos ter um filho, mas a preocupação com recursos sempre faz parte da dinâmica de pensamentos do homem. Pois eu me sentei à mesa do meu amigo e conselheiro, Dr. Anthony Portigliatti, e perguntei se aquele momento era o ideal para termos nosso primeiro filho. Ele, observando-me, deu uma pausa e respondeu com estas palavras: *"Não se preocupe, pois com o filho vem o pão debaixo do braço".*

Eu relaxei com as palavras dele, pois entendi também que há uma mudança na mentalidade e na disposição do homem quando se vive não mais por si mesmo, mas pelo seu reino, que é a sua família. E assim foi. Depois de um ano dessa conversa, sobre a qual falarei com mais detalhes mais para frente, em outro capítulo deste livro, John nasceu, no dia 4 de julho de 2017, chancelando a nossa vida na América, como um sinal de que nossas raízes foram replantadas nessa nação tão abençoada.

Falando de vida na América, para nosso Green Card – Cartão de Residência Permanente dos Estados Unidos, foi necessário um trabalho intenso de cerca de um ano para conseguirmos reunir toda a nossa documentação e organizarmos o nosso caso de forma encadeada e coerente. Um processo de Green Card é bem caro, mesmo para pessoas com uma vida confortável. Na época em que iniciamos o nosso processo, nós não dispúnhamos do valor, cerca de 20 mil dólares nos dias de hoje, aproximadamente 110 mil reais. Mesmo sem ter o recurso, decidimos avançar, e porque decidimos o recurso veio.

Já morando nos Estados Unidos, Daniella sempre me dizia que deveríamos ter uma empresa ligada à construção de casas. Aos 40, o recurso que precisávamos para iniciar nossa primeira construção de investimento veio e nós o realizamos. Hoje, também dirigimos uma incorporadora imobiliária que constrói casas de investimento na Flórida.

Quando eu estava com 38 anos, John já havia nascido e nós queríamos sair do aluguel, ter a primeira casa da família Araujo na América. Lembro-me de que escolhemos a cidade e o bairro, e começamos a fazer aquele movimento de visitas novamente. Encontramos o condomínio ideal e vimos as plantas. Escolhemos o melhor bairro, o melhor condomínio e a melhor planta dentro das nossas condições na época, e isso é muito interessante, porque mais uma vez todo esse movimento foi apoiado unicamente em fé, em escolha consciente e em aplicação de energia e atitude para realizarmos o que queríamos.

Eu não tinha o valor da entrada, mas como nós decidimos, eu escolhi a planta e pedi que me dessem uma semana para levantar o recurso da entrada. O restante eu não sabia como viria, mas como eu disse: eu iria imprimir fé, energia e atitude para conquistar. E assim foi! Depois de um ano, nossa primeira casa foi entregue, e a sensação de entrar na SUA casa é maravilhosa. Sentir o cheiro da casa nova ao entrar com a chave na mão, oficialmente, pela primeira vez, é uma das sensações mais maravilhosas que se pode ter. E digo entrar oficialmente pela primeira vez porque nós acompanhamos o processo de construção. Nós íamos visitar a casa em obras, desde que o terreno estava vazio, ao menos uma vez por semana. Acompanhar o processo e ver o desenvolvimento daquele projeto de lar, que pouco a pouco ia ganhando forma, foi uma aula sobre processo.

Falando de processo, na nossa jornada existem áreas que são trabalhadas em processos. A nossa vida, no geral, é uma construção que está constantemente progredindo. Eu tenho áreas na minha vida que permanecem em construção, e mesmo aquelas que parecem prontas podem ser aperfeiçoadas. Isso vale para todos. Mas o que quero dizer com isso é que acompanhar a construção da nossa primeira casa me ensinou a curtir cada etapa do processo, desejando sempre ver a próxima concluída.

Moramos por dois anos e meio nessa primeira casa, fizemos muitas memórias, prosperamos muito. Porém, no período entre final de 2019 e final de 2022, tivemos uma pandemia. Todos pensamos por um tempo que tudo entraria em ruína. Mas foi o contrário. Fomos guardados e nossas empresas continuaram prosperando a tal ponto, que eu nunca havia dirigido uma Mercedes na vida, mas nesse desejo de melhorar a percepção a respeito de nossa imagem e posicionar nossos negócios de forma ainda melhor, fomos na Mercedes-Benz e compramos nossa primeira Mercedes. Uma GLA zero, pretinha, linda e luxuosa.

Com relação ao carro, deixe-me fazer mais um comentário sobre posicionamento. Talvez você esteja lendo as páginas deste livro e se identificando com a história da minha vida, e neste ponto você está pensando que um carro de luxo é uma bobeira, que é ostentação ou qualquer outra coisa que desmereça essa conquista. Mas deixe eu te contar sobre o jogo.

Existem lugares que você só entra se tiver o ingresso, certo? Pois bem, eu sou empresário, e todo empresário precisa fazer conexões com outros empresários, acessar lugares diferentes, com pessoas diferentes, com ideias diferentes, e para ter acesso você precisa do ingresso. Por isso o bairro onde você mora, a casa em que você mora, o carro que você dirige, o relógio que você usa etc., essas coisas são usadas no jogo da percepção, e são como o ingresso para acessar esses ambientes de oportunidades. Logo, se você está interessado em uma Mercedes por luxúria, acredite, isso não te acrescenta nada. Mas se você entende o jogo, pode acessar um carro de luxo e usar isso de forma intencional para ocupar novos espaços de crescimento e de multiplicação, isso é ser inteligente.

Depois de dois anos morando nessa casa, Daniella começou a achar a casa pequena. Vejam só! Aquela casa não era pequena. Tinha quatro quartos e três banheiros, mais 180 m², numa ótima região. Porém não tinha um quintal grande com piscina. O sonho de toda família com filhos é ter um espaço para gerar boas memórias.

Falar de casa é falar de conquista, porque é algo físico, concreto, visível, palpável. Isso mexe com os sonhos de todas as pessoas. Uma casa, além de ser um marco de realização, também é o símbolo de família, de lar. É o seu reino sendo estabelecido. É o seu principal lugar de governo. É lugar de descanso, de prazer. E também é lugar de crescer!

E crescer e multiplicar tem tudo a ver com o papel da mulher. Depois de dois anos, eu estava bem feliz com o John, criando lindas memórias com o meu primogênito, menino de ouro do 4 de julho. Entretanto a mãe queria cumprir a sua missão de multiplicar. Daniella queria muito o segundo filho. Eu já estava satisfeito. Mas veja, eu estava procurando uma zona de conforto. No entanto somos uma família e decidimos tudo juntos. Conversamos bastante sobre o tempo, sobre as circunstâncias daquele momento, e concordamos em avançar para a segunda gravidez.

Nós desejamos aquela foto linda de um casal de filhos, e depois de algumas semanas, os médicos confirmaram uma menina. Decidimos chamá-la de Zoe, em homenagem a minha mãe, que nos deixou em 2017. O significado de Zoe é "cheia de vida". Zoe nasceu em janeiro de 2022, do jeito que o nome dela imprime, cheia de vida e de vontade. E com a Zoe nasceu também o desejo de mudar para uma casa maior, com quintal e com piscina.

Essa casa atual, em que moramos enquanto escrevo este livro, é mais uma prova de que os nossos pensamentos, as nossas vontades e os nossos desejos, somados à fé, à declaração e à atitude, são capazes de trazer à existência a imagem que você criou primeiramente na sua mente.

Nosso exercício é o seguinte: todos os anos, antes de chegar no dia 31 de dezembro, normalmente em novembro, nós temos um momento para estabelecer os objetivos do próximo ano. Então nós conversamos sobre o que queremos conquistar no ano seguinte, escrevemos numa folha de papel e assinamos, como uma forma de contrato. É um símbolo do compromisso que estamos criando naquele momento e que faremos o que for necessário para cumprir. Depois de escrever e assinar, eu procuro imagens que são semelhantes ou idênticas ao que queremos conquistar no próximo ano, e daí imprimimos como fotos para organizar em nosso quadro de conquistas.

Esse exercício é tão poderoso que no ano seguinte nós retiramos do quadro as fotos daquilo que conquistamos naquele ano, unimos ao contrato que assinamos, e em novembro, no dia de Ação de Graças, nós celebramos e agradecemos a Deus por ter nos dado a oportunidade de realizarmos aqueles sonhos.

Essa segunda casa estava lá no quadro dos desejos. Não a imagem exata da casa, mas as características dela. Quintal grande, onde construímos uma linda piscina, com vista para o lago e uma reserva, com a escola onde nosso filho estuda a poucos passos de distância, no bairro que amamos. Tudo isso foi sonhado e estabelecido antes de ser realizado.

A história dessa segunda casa também nos trouxe muitos ensinamentos. Nessa época decidimos vender a primeira casa. Na pandemia, o mercado imobiliário estava em frenesi. Os preços estavam subindo assustadoramente, o que foi ótimo para nós, que já estávamos construindo com a nossa incorporadora e tendo a oportunidade de vender a melhor preço.

A nossa primeira casa estava supervalorizada, então entendemos que era o momento certo para vendê-la e usar parte do ganho de capital para dar entrada em uma nova casa. E partimos para a procura. Decidimos conforme o contrato que havíamos assinado em família, obedecendo as características que faziam sentido para nós. Estabelecemos os pontos que eram negociáveis e não negociáveis, como: bairro, tamanho, número de quartos, construtora, proximidade dos locais que gostávamos etc.

Lembro-me de que visitamos alguns condomínios de casas novas perto da primeira casa, e eu cheguei a fazer ofertas adicionando até 10% a mais do valor pedido no imóvel, e mesmo assim nenhuma de nossas ofertas era aceita. Era um período de leilão e nossa região estava superdesejada. Pessoas estavam chegando com dinheiro na mão para comprar os imóveis. Hoje, eu dou graças a Deus por nenhuma das nossas ofertas ter sido aceita, pois a nossa casa foi um milagre, que reunia todas as características do que sonhávamos para aquele tempo, e estava escondida.

Daniella descobriu a construção, buscou informações sobre o novo condomínio e em pouco tempo estávamos na lista VIP dos primeiros compradores. A nossa foi a primeira casa do condomínio a ser entregue. Esse é um nível de milagre e de conquista que te dá ânimo e fortaleza mental para avançar em direção a níveis mais altos.

E assim vai, até hoje nós praticamos esse exercício anualmente. Ninguém nos ensinou, mas nós entendemos que precisamos saber o que queremos conquistar primeiro. Então escrevemos o que desejamos e em quanto tempo queremos realizar. O quadro de conquistas na parede do nosso escritório, com fotos de lugares que queremos visitar, a próxima casa que iremos comprar, esse exercício permanece, porque todas as vezes que entramos no nosso local de produtividade, somos obrigados a olhar para aquele quadro e nos lembrar do compromisso que fizemos e para onde estamos navegando com os nossos desejos e as nossas realizações.

Portanto, na minha jornada pessoal e profissional, eu estabeleço as metas que quero alcançar, escrevo e assino, para gerar compromisso. E quando as metas são da família, eu faço da mesma forma. Cada exercício de fé, de atitude e de conquista aplicado na vida pessoal acaba influenciando o que exercitamos enquanto família. E, assim, navegamos juntos na mesma direção.

E a jornada tem rumo, tem intencionalidade, tem propósito, não são apenas conquistas. Isso faz parte da história que está sendo contada e que trará sentido a nossa existência. Por isso precisamos de símbolos que representem os marcos da nossa história. E assim como as empresas precisam de símbolos que representem a sua identidade, os seus valores e o seu propósito, a família também precisa de símbolos para representar o seu legado. Foi por isso que quando John nasceu, eu quis representar a nossa história e os nossos valores com uma heráldica.

Uma heráldica é uma representação de escudos, símbolos, cores e armas. Surgiu na Idade Média como uma forma de identificação e distinção entre cavaleiros e famílias nobres em batalhas e torneios. Os brasões eram compostos por símbolos, cores e figuras específicas, cada um com um significado particular relacionado à história, feitos ou valores da família representada. Esse conjunto de símbolos que compõem as heráldicas são formas de expressar identidade e legado.

Nessa minha busca por identidade, eu pesquisei muito sobre a família Araujo e sua jornada desde as terras da Espanha e Portugal até o Brasil. Descobri que era composta de judeus estabelecidos nas regiões fronteiriças entre esses dois países e que parte da família decidiu, nos anos 1700, ir para o Brasil em busca de prosperidade, e se estabeleceu principalmente na região nordeste, em Pernambuco.

Saber um pouco da história da família é bom, dá pertencimento e ajuda a entender as jornadas dos seus antepassados, que têm reflexo em quem você é e onde você está hoje. Mas eu percebi que para a minha história, olhar tão distante para o passado não estava trazendo nenhuma conexão significativa, pois a família Araujo tradicional se fragmentou ao longo do tempo e eu estava em busca de algo sólido, presente, do nosso legado.

Quando se é imigrante existe uma necessidade de pertencimento muito forte, pois você já deixou o seu país para viver em um lugar diferente, com pessoas diferentes, cultura diferente, língua diferente e costumes diferentes.

Ou seja, eu e minha esposa sempre seremos estrangeiros. Mesmo recebendo a cidadania americana, nossas raízes são brasileiras. Hoje, eu posso dizer com orgulho que depois de oito anos vivendo nos Estados Unidos, com cinco anos de Green Card, neste momento em que escrevo este livro, nosso processo de cidadania americana está em andamento. E isso é um marco histórico e significativo para a nossa família. Só que mesmo recebendo a cidadania, sempre seremos imigrantes.

Nossos filhos não. Eles são americanos. E é por isso que precisamos dos símbolos que criam esse elo histórico e que carregam os valores e os significados que fazem com que a nossa história passe adiante, que traga sentido e pertencimento às nossas gerações futuras. Eu e você vamos passar um dia, mas o nosso legado, a nossa história, os nossos símbolos, ficarão e perpetuarão em nossa família.

Por isso toda jornada tem um destino. Se a sua ainda não tem é porque você ainda está perdido no oceano de incertezas. Você precisa descobrir a sua identidade e se posicionar para entender para onde você deve navegar. Sem isso a vida fica sem sentido e esse vazio existencial não faz bem. Se a sua identidade é revelada, o resto, a bússola, o mapa e a carga do seu navio são revelados também. Daí, sim, você vai entender a sua jornada e vai chegar no seu destino.

Esse processo de identidade foi tão forte que quando abri minha primeira empresa, foi uma agência de *design*, com o propósito de dar simbologia, estilo e identidade às empresas. Meu talento artístico, treinado na igreja, tornou-se um negócio no mundo secular. O que quero dizer é que minha vida passou a ter direção.

Hoje, após várias conquistas – uma agência de *marketing* no Brasil, outra agência criativa de *marketing* nos Estados Unidos, uma incorporadora imobiliária e uma de patrimônio –, moro em uma casa grande, com piscina e uma linda vista para o lago, e dirijo carros de luxo. Posso dizer que conquistei a América, mas Deus ainda diz ao meu coração que isso é só um esboço.

Levo a sério a questão da identidade, que revela propósito e oferece posicionamento. Por isso deixei a timidez de lado e comecei a compartilhar minhas experiências e os meus conhecimentos nessa área. A experiência me deu autoridade para falar, tanto no campo espiritual quanto no físico.

Por isso eu encorajo você a entender a sua rota. Se sua identidade é importante, seu propósito também é. Somente você pode cumpri-lo da maneira que você faz, com os talentos que você tem e com a expressão que você imprime no mundo. Por isso ordenhar pedras não é um desafio se você souber que isso faz parte da sua jornada.

Capítulo 4
LEGADO – TUDO COMEÇA EM FORMA DE SEMENTE

Você já teve a experiência de plantar uma semente de mamão, laranja, feijão ou qualquer outra? É lindo ver que depois de alguns dias, às vezes mesmo no dia seguinte, um pequeno broto sobe daquela pequenina semente, revelando a potência que estava contida naquele receptáculo.

Se você reparar bem em tudo a sua volta, vai perceber que todas as coisas visíveis começam na forma de semente. Ao procurar na natureza você vai encontrar uma sabedoria escondida. Veja só, existe um versículo na Bíblia que diz: "Os céus declaram a glória de Deus e o firmamento revelam as obras de suas mãos" (Salmos 19:1). Já outro fala: "Pois o que de Deus se pode conhecer é revelado entre eles, porque Deus lhes revelou. Pois, desde a criação do mundo, os atributos invisíveis de Deus, o seu eterno poder e a sua natureza divina, têm sido vistos claramente, sendo compreendidos por meio das coisas criadas, de forma que tais homens são indesculpáveis" (Romanos 1:19-20). Ou seja, a natureza revela a sabedoria e a glória de Deus. Partindo dessa premissa, posso afirmar que se você quiser encontrar respostas sábias deve olhar primeiro para a criação. E por que estou dizendo isso? Porque se você acha mesmo que tudo o que você vai começar na sua vida tem a obrigação de começar bem e grande, lamento te decepcionar. Você está enganado!

Desde os 29 anos de idade eu tenho desenvolvido a habilidade de empreender. Hoje, com 44 anos, sinto que ainda tenho muito o que aprender. Mas uma coisa está muito clara para mim: tudo que comecei foi em forma de semente. E a semente guarda o seu potencial lá dentro e vai se revelando com o tempo.

A não ser pela criação original, como está no relato bíblico de Gênesis, que conta que durante os seis dias de criação, a Terra, os Céus, os astros, as plantas e os animais, o homem e a mulher, tudo isso foi criado pronto. Daí por diante, tudo o que vem na sequência obedece a mesma ordem: primeiro é gerada uma semente, que vai se desenvolvendo aos poucos, passa por adversidades, por competição, e tudo mais que a pressione para que ela possa provar o seu valor. Depois de toda essa jornada de provação, com o desenvolvimento vem os frutos. Isso mesmo! Os frutos são o resultado de uma jornada vitoriosa que começou em forma de semente.

Na minha vida como empresário, eu tenho uma agência desde 2010, mas depois dessa agência eu abri diversos outros negócios, participei de dezenas de projetos, e todos vieram na forma de semente. Muitos passaram pela provação do tempo, da pressão, das circunstâncias, que a gente não controla; alguns morreram e outros prosperaram.

Agora, imagine-se como uma caravela em alto-mar. Se você é empresário como eu, tente ver a sua carga. Muitas pessoas têm uma carga preciosa, que são seus talentos e suas habilidades naturais, sua história, seus relacionamentos e contatos, seus recursos, mas falta algo para que essa pessoa prospere em sua jornada. Como o exemplo da caravela, você tem as velas, o leme, a bússola e o mapa. Se você tem a carga preciosa, mas a sua caravela está com algum problema, por exemplo, faltam as velas, por mais preciosa que a sua carga seja, você vai ter problemas para levá-la ao seu destino, a não ser que você resolva o que falta.

Entenda-me bem. A realidade da vida é pressão, é guerra. E o mais importante é começar. Se você já começou, meus parabéns, porque isso requer coragem. E se você está no meio da guerra, eu não vou pedir para você parar tudo e ir atrás do que falta. Então, se você já está na sua jornada, use o melhor que você tem para avançar até que você tenha condições de fazer melhor.

A perseverança anda junto com a fé. Você precisa se ver do outro lado, vitorioso. E cada experiência que você vive deve projetá-lo cada vez mais para um próximo nível. Então, voltando para a semente, toda semente tem o seu potencial guardado dentro dela. Por isso sementes devem ser vistas como "potência". Isso faz com que você valorize mais os pequenos começos, inclusive as pessoas que estão com você em sua jornada. Todos têm um potencial guardado, que precisa ser desenvolvido até gerar resultados.

Portanto em primeiro lugar a semente é uma promessa, uma potência. Tudo certo? Logo, para desenvolver essa potência o que precisa ser feito com a semente? Isso mesmo! Acertou se você respondeu que ela precisa ser plantada. Mas basta apenas plantar a semente para que tudo se desenvolva naturalmente? Em tese deveria ser assim. Mas vamos pegar uma lupa e tentar enxergar o que, de fato, faz a semente se desenvolver. Jesus mesmo disse, em João 12:24, se a semente não morrer ficará sozinha. Mas se ela morrer gerará muitos frutos.

Você entende o que está sendo dito aqui? Jesus disse que a semente precisa ser enterrada na terra, precisa ser colocada em condições de temperatura e pressão que vão ativar o seu potencial de crescimento. Nada se desenvolve se não tiver as condições adequadas. Por isso a semente deve "morrer" de seu estado de semente, pois, então, ela passará a ter outra condição, de planta, e depois o de árvore, até que esteja madura o suficiente para multiplicar a sua potência em frutos, que alimentarão milhares ou até milhões de outras sementes. A isso chamamos de legado.

Se eu olhar para mim mesmo, através da minha história conseguirei ver bem esse panorama, ou seja, uma semente que foi plantada e que está se desenvolvendo como árvore, até o ponto de se tornar frutífera. E não é esse o propósito da semente? Crescer, desenvolver-se e se multiplicar em frutos e novas sementes? Você consegue ver com clareza o que é o propósito? Tudo o que você é e tudo o que você faz precisa se desenvolver para cumprir o propósito, que é: deixar um legado de valor, que são os seus resultados e como eles alimentam a vida de outras pessoas; que são seus filhos e os exemplos que eles devem levar para amplificar o seu próprio legado; que são as novas sementes que serão plantadas no seu tempo ou nas gerações futuras.

Ter esse olhar para reconhecer a potência da sua semente faz com que você lhe dê valor, deseje o desenvolvimento e gere expectativa para o que vem depois. Olhar para a semente com essa perspectiva faz com que você deseje ardentemente o resultado que ela pode produzir e tenha entendimento a respeito do momento em que os outros estão. Você pode olhar para aspectos da sua própria vida e para os de outras pessoas a sua volta e reconhecer o momento dessas sementes, se ainda está adormecida, se já está se desenvolvendo ou se já está frutificando.

A mensagem sobre semente é tão poderosa que não é à toa que Jesus contou a Parábola do Semeador. Ele diz assim: "Certo homem saiu para semear. Enquanto semeava, uma parte das sementes caiu à beira do caminho e os pássaros vieram e as comeram. Outra parte caiu no meio de pedras, onde havia pouca terra. Essas sementes brotaram depressa, pois a terra não era funda, mas quando o sol apareceu elas secaram, pois não tinham raízes. Outra parte das sementes caiu no meio de espinhos, os quais cresceram e as sufocaram. Uma outra parte ainda caiu em terra boa e deu frutos, produzindo trinta, sessenta e até mesmo cem vezes mais do que tinha sido plantado. Quem tem ouvidos para ouvir, ouça" (Mateus 13:3-9).

Jesus é o Verbo Vivo de Deus, portanto ele é o **Mestre dos Mestres** no que diz respeito à comunicação. Ele sabia que o *storytelling* era importante na construção das ideias do Reino de Deus. Por isso a maioria dos tesouros do Reino eram entregues na forma de parábolas.

Uma parábola é uma narrativa breve carregada de símbolos. Jesus frequentemente utilizava parábolas como ferramenta de ensino para transmitir verdades espirituais e lições morais de forma mais simples e mais fácil de se compreender. No contexto dos ensinamentos de Jesus, as parábolas eram tiradas do cotidiano das pessoas, como atividades agrícolas, relações familiares e eventos comuns, mas carregavam um significado profundo sobre o Reino de Deus.

Por meio dessas histórias, Jesus conseguia conectar as pessoas com os seus ensinamentos espirituais e princípios morais de modo que elas conseguissem se identificar e refletissem sobre as verdades que ele estava transmitindo.

Por serem alegóricas, as parábolas também desafiavam os ouvintes a refletirem e a interpretarem o que estava além do óbvio, estimulando-os a buscar um entendimento mais profundo. Em várias ocasiões, Jesus usou parábolas para falar sobre temas como justiça, graça, perdão e o amor de Deus, sempre colocando o Reino de Deus como o foco central da mensagem.

No exemplo citado da Parábola do Semeador, Jesus representa os diferentes tipos de corações que recebem a palavra de Deus, que pode ser comparada à "Boa Semente", ao próprio "Verbo Vivo de Deus", e que ao ser plantada no coração de uma pessoa vai encontrar um solo que será benéfico ou não para o seu desenvolvimento, até explodir o seu potencial máximo, que é o da multiplicação.

Veja aqui duas coisas que estão presentes no caráter de Deus:

A semente, ou semear.

A comunicação, ou comunicar.

A semente

Como foi dito anteriormente, tudo o que Deus deixou na natureza e tudo o que Ele faz, faz na forma de semente, porque Deus quer que o potencial se desenvolva. Ele deixou as condições essenciais, mas cada semente é uma potência em si mesma que precisa se desenvolver.

O que teria acontecido se Jesus tivesse rejeitado a morte? O que teria acontecido se ele tivesse preferido a zona de conforto? Bom, com certeza, o acesso ao Pai não teria sido possível, o mundo não teria sido impactado com a mensagem de amor, de perdão e de reconciliação com Deus Pai, nós não teríamos a possibilidade de viver uma vida de fé e de esperança na salvação que Ele prometeu nem teríamos como sonhar com o acesso à Casa do Pai. E é exatamente por isso que eu repito essa frase em minhas orações e te encorajo a fazer o mesmo. Diga assim: "Obrigado, ó Deus Pai, por abrir a porta da Tua casa e me dar um lugar na Tua mesa".

Deus é semeador em Sua essência, e quando fez o homem colocou essa parte do Seu caráter em nós, inclusive fisicamente.

Jesus foi o Semeador e a Semente. Quando ele falava, falava dele mesmo e a sua semente encontrava os corações das pessoas. Ao morrer no seu corpo, ele foi literalmente posto na terra, semeou a vida dele e ressuscitou como a Árvore da Vida, e todo ramo ligado a ela prospera.

Esse poder de semear é tão incrível que se você tiver consciência clara a respeito disso vai passar a enxergar tudo o que você fala e pratica como sementes. Isso transforma sua perspectiva para ser intencional em tudo o que move você.

A comunicação

Comunicar é tornar comum. A palavra "comunicar" pode ser descrita como o ato de transmitir ou compartilhar informações, ideias, sentimentos ou mensagens de maneira eficaz entre pessoas ou grupos. Comunicar envolve não apenas a fala, mas também gestos, expressões e outros meios que permitem criar uma conexão ou um entendimento mútuo.

Comunicar também pode ser descrito como ato de imprimir um código que se transmite por qualquer meio. Eu acabei de falar de sementes e da potência que elas carregam. Sementes são formas de transmissores, pois carregam o código e o reproduzem. O código genético, por exemplo, é a comunicação de dados e características genéticas que reproduzem a semelhança do fornecedor do código genético.

Se lermos o trecho bíblico que narra a criação veremos o poder da comunicação. Deus disse e o universo se formou. Para cada camada da criação foi dado um comando expresso e aconteceu exatamente conforme o Seu comando. Eu não sei se este comando: "E disse Deus:

faça-se..." foi literal, falado ou escrito em código. O que sei é que as palavras têm o poder de moldar a realidade, e se você aprende isso passa a usar a sua comunicação com mais consciência e responsabilidade. Tudo o que você fala e expressa é parte de você e tem alguma influência no seu ambiente, no seu próprio universo. E sabendo que você tem o poder para modelar a sua realidade com as coisas que você fala, expressa, escreve ou simboliza, você não usaria esse poder com mais responsabilidade?

Na ordem científica, a comunicação obedece quatro formas: verbal, não verbal, textual e simbólica. A vida humana, encontra sentido na comunicação, pois fomos criados para viver em comunidade e aprender a crescer uns com os outros. Por isso a comunicação é parte essencial para prosperarmos. Quem se comunica bem desenvolve o poder de expressar bem suas ideias e ser entendido. A comunicação aproxima ou afasta as pessoas.

Eu trabalho com comunicação há mais de 20 anos e sei que nós nunca sabemos tudo. Mesmo que você seja um especialista em determinada área, sempre precisará se reciclar, aprender coisas novas, inclusive com outras pessoas que não são da sua área de especialidade. Com relação à comunicação, apesar de isso ser parte integrante da minha vida, apenas recentemente eu passei a explorar mais o potencial de me comunicar melhor, de me apresentar mais, de pôr o meu conteúdo à prova de outras pessoas. Apenas há pouco tempo passei a produzir conteúdo para redes sociais e a palestrar em grupos de *network* e eventos empresariais. E esse posicionamento me libertou e me deu a oportunidade de me conectar com pessoas de todos os níveis, e me fez entender que falar e compartilhar essa riqueza que estou pondo aqui no livro precisa ser feito com outras pessoas em outros formatos. Comunicar é semear, é dar ao outro uma parte de você mesmo.

Por isso encorajo você a olhar para dentro de si mesmo e enxergar as riquezas que você carrega, as potências que você tem em si mesmo na forma de semente. Peça a Deus as condições de temperatura e de pressão necessárias para desenvolver essa potência, pois o mundo precisa que você se desenvolva e se multiplique. Lembra da ordem de Deus para a criação d'Ele? Sejam fecundos (tenham sementes), multipliquem-se e encham a terra (expandam-se e gerem legado). Então obedeça a essa ordem, posicione-se, seja corajoso(a) e desenvolva o legado que você deixará ao mundo. Lembre-se de que a próxima geração depois de você é sua semente, sua responsabilidade.

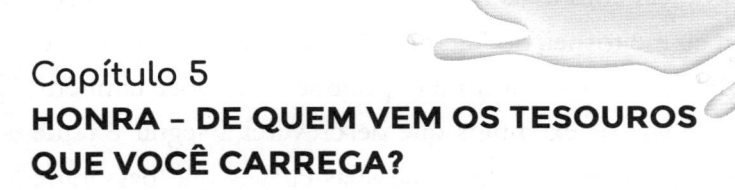

Capítulo 5
HONRA – DE QUEM VEM OS TESOUROS QUE VOCÊ CARREGA?

Neste capítulo você entenderá que precisa de ajuda, e que cada pessoa que te estendeu a mão em momentos difíceis e importantes da sua jornada precisam ser lembradas. Elas, juntamente às suas escolhas, tiveram parte na construção do seu destino e por isso devem ser honradas. Se for possível, você deve devolver a sua gratidão em forma de gesto ou presente que denote honra. Isso o torna nobre e faz com que a gratidão deixe de ser uma palavra vazia e passe a ter forma, peso e valor. Talvez essas pessoas nem estejam esperando por isso, mas para você, cada gesto será como uma joia na coroa da nobreza e da honra.

Por isso, neste capítulo eu quero que ao me ver honrando algumas pessoas que fizeram parte da minha vida e que me ajudaram a compor essa história, você se lembre das pessoas que foram importantes para conduzi-lo até onde você está.

Mesmo sem saber, essas pessoas, na minha ou na sua história, podem ter sido determinantes. No meu exemplo, eu precisei ordenhar pedras muitas vezes e foram essas pessoas especiais que me ajudaram a fazê-lo, permitindo-me avançar com mais força na direção de quem eu sou, de quem eu me tornei, do lugar que eu ocupo no mundo hoje.

E assim como foi comigo pode ser com você também. Por isso leia os exemplos que descreverei a seguir e tente fazer uma conexão com as pessoas-chaves que passaram, ou estão passando, pela sua vida, ajudando-o(a), sem nem saberem, a construir o seu legado.

Minha saudosa mãe
Legado de fé e perseverança

Neste *hall* de pessoas importantes, a primeira que eu quero honrar é a minha saudosa mãe. A vitalidade e a alegria dela estão sempre claras como o dia em minha memória. Ela foi uma guerreira, que sustentou a nossa casa como uma coluna forte, e sozinha. Ela deu conta de cuidar de mim e de meus três irmãos e fez tudo o que foi possível para que nós não caíssemos em ruína.

Ela deu o melhor dela para que fôssemos nutridos, educados e formados como homens de bem, de caráter. Ela teve muita fé. Ser abandonada com quatro crianças sem nunca ter trabalhado foi um grande desafio. Graças a Deus tivemos apoio de várias pessoas, como amigos, vizinhos e familiares.

Ela nunca desistiu de nos educar com o melhor, mesmo quando éramos rebeldes. Eu me arrependo dos momentos que deveria tê-la honrado e não o fiz. Mesmo nesses momentos, eu tenho certeza de que ela estava orando, pedindo ao Pai Celestial para eu me encontrar no meio do caminho.

Ela foi uma locomotiva, buscando aprender e se superar, a ponto de voltar a estudar, mirando em se tornar professora. Eu não cheguei a contar essa parte, mas quando eu tinha apenas 4 anos de idade, ela me tirou da pré-escola do bairro por eu ter sofrido uma agressão desnecessária de uma das professoras.

Eu não vou entrar em detalhes sobre esse episódio, mas o fato é que a minha mãe, não satisfeita com a atitude exagerada e sem propósito dessa professora, tirou-me dessa pré-escola e resolveu me alfabetizar em casa. Quantos podem dizer que tiveram o privilégio de serem alfabetizados pela própria mãe? Eu fui! E, de quebra, ela ainda me ensinou caligrafia. Ela tinha uma letra linda, cursiva e bem desenhada.

Ela também me incentivou a desenhar e a explorar os meus dons artísticos. Sem dúvida, minha mãe foi incrível. Ela esteve comigo em todos os momentos difíceis, e mesmo quando eu já havia deixado a sua casa para morar sozinho, mesmo de longe ela cuidava de mim, sempre me ligava preocupada com a minha alimentação, se eu estava bebendo água, se eu precisava de ajuda com o apartamento.

Eu me lembro de duas vezes em que eu tive episódios que quase me levaram desta vida. Aquele em que os sacos de cimento quase me esmagaram e eu precisei ficar internado no hospital por 30 dias, e outro em que eu tive que ser operado às pressas, com a vesícula obstruída. Ela foi a única pessoa que esteve presente comigo, e na dor eu tive a sua presença angelical e a sua doce voz de consolo e encorajamento.

Minha mãe sempre se desafiou. Ela teve o seu próprio negócio e continuou sonhando. Ela me viu conquistando a América, e mesmo de longe, no Brasil, sentiu orgulho. Ela estava construindo a sua casa dos sonhos quando a sua vida foi interrompida sem explicação. Tem coisas que não entendemos e nunca vamos entender, mas saber que somos limitados na vastidão de conhecimento e compreensão das coisas nos deixa mais humildes.

Ela tinha muitos sonhos que não conseguiu realizar. Um deles era segurar meus filhos no colo. Ela chegou a conhecer o meu filho John, mas somente por videochamada. Dói muito em mim o fato de não ter dado tempo de ela conhecer meus filhos pessoalmente. John tinha cinco meses quando ela partiu, e nós estávamos planejando uma viagem ao Brasil. Apesar disso, eu tenho certeza de que ela viu o bom trabalho que fez na minha educação, e poder testemunhar a minha vida, o meu casamento, a nossa prosperidade, deixou-a muito feliz. E ter dado esse orgulho a ela conforta o meu coração.

Meu pai
A semente

Quero honrar meu pai, que me deu a sua semente e o seu nome. Sem saber o poder que o nome "Edson" carrega, ele me abençoou com a identidade do guerreiro próspero. Lembre-se: o seu nome é o início da sua história. Como eu descrevi a minha experiência, ele carrega a essência de quem você é, e se isso se manifesta para o mundo sem que você tenha consciência clara a esse respeito, imagine do que você é capaz se souber disso e tiver segurança a respeito da sua identidade.

Apesar do episódio de abandono em minha infância e em minha adolescência, dos traumas gerados e da dor da desconexão, da falta de pertencimento, quando Deus restaurou a minha identidade, Ele me moveu a me reconectar com o meu pai também. Por que isso é tão importante? Porque não importa o quão desfragmentada é a sua vida, o quão arruinada ela aparenta ser, sempre haverá um potencial de restauração e de milagre.

O perdão é restaurador. Ele não apaga as marcas, ele não vai voltar no passado para reconstruir os relacionamentos, criar memórias que nunca existiram, mas ele é capaz de abrir a ponte para você escrever uma nova história a partir desse ponto. E foi o que aconteceu conosco. Eu não me cobro a respeito da frequência ou do nível de intimidade que meu pai e eu temos porque isso é a consequência do que não foi construído em minha infância e em minha adolescência. Existe um *gap* nessa construção de relacionamento. No entanto a graça de Deus foi tão abundante que hoje eu tenho um ótimo relacionamento com meu pai. Nós nos falamos com alguma regularidade e ele até me cobra quando eu demoro para responder alguma mensagem. Mas a decisão de voltar lá e reconstruir essa ponte foi minha.

Então posso dizer que com todos os traumas e angústias sofridas, ser convencido por Deus e decidir pelo perdão, procurar a pessoa que precisa do seu perdão, pôr a verdade na mesa, com todo respeito e toda dignidade, mas sendo claro e intencional, para declarar o seu perdão, isso também é uma forma de ordenhar pedras, porque o que é gerado a partir dessa atitude não fica apenas entre você e a pessoa. Vai além e transborda em seus outros relacionamentos. Além disso, quando você perdoa até o seu ponto de vista muda, pois você começa a perceber o lado bom das coisas.

Veja só, meu pai não sabia o que ia me causar, nem a mim, nem à minha mãe, nem aos meus irmãos. Aliás, cada um dá uma resposta para as circunstâncias que sofre. Ou seja, a resposta que você vai dar a cada circunstância ruim que você sofrer é sua responsabilidade. Por isso, sem saber, meu pai ajudou a criar o ambiente de desafio, de provação e de crescimento que me tornou um homem, corajoso, cheio de fé e ousadia, de couraça grossa e resiliência constante.

Eu tinha em meu pai a imagem de um herói. Tenho fotos dele com fardamento tático e armamento pesado. Essa imagética simbólica sempre foi perseguida por ele e isso também se tornou uma referência para mim. São peças do quebra-cabeça que compõem o que dá sentido e aponta para uma finalidade, e até para um propósito. Apesar de eu não usar farda, essa referência simbólica também ajudou a construir a minha mentalidade, que é orientada de forma militar, estratégica, tática. E isso se manifesta na maneira como eu navego pela vida.

Eu trato meu pai com honra, respeito e zelo. Isso é muito importante e é um dos segredos para uma vida feliz. Há um mandamento de Deus que vem acoplado a uma promessa de vida longa e próspera que diz assim: "Honra a teu pai e a tua mãe, para que se prolonguem os teus dias na terra que o Senhor teu Deus te dá" (Êxodo 20:12).

Minha esposa, Daniella
O presente

Eu estou com meus olhos marejados de lágrimas enquanto escrevo este trecho, pois a minha esposa é como um presente inestimável que eu recebi do Céu. Ela acreditou em mim quando eu ainda não tinha nada para mostrar. Ela viu o potencial dessa semente e ajudou a regar. Essa é uma mulher que merece honra. Ela pagou um preço alto quando me escolheu para ser seu par.

Falando em semente, eu pertencia a uma igreja que eu ajudei a fundar, com o nome Semente do Amanhã. Nessa época, eu liderava grupos nas casas, trabalhava treinando pessoas das comunidades do Rio e liderava um pequeno grupo de estudo na faculdade, que se reunia uma vez por semana para ler a Bíblia, trazer alguma mensagem de encorajamento, compartilhar experiências e orar pelas necessidades uns dos outros. Eu conheci a Dani em uma das turmas da faculdade e começamos a conversar.

Nessa época, eu ainda esperava por uma pessoa. Nós acreditávamos em uma proposta de relacionamento e namoro obedecendo princípios de pureza, o que é bom. Sem entrar em detalhes, dentro daquele contexto já tinha se tornado mais uma ferramenta de controle social. Por orientação da liderança, eu concordei em aguardar por ela, mas a verdade é que eu estava cansado de aguardar por alguém que não demonstrava interesse. E a verdade sobre os relacionamentos é a seguinte: a escolha é sua, assim como também é sua a responsabilidade de amar e cuidar.

Só tem um episódio na Bíblia em que Deus trouxe uma mulher para o homem. Isso mesmo, lá na criação, quando Deus viu que o homem estava só e que precisava de uma pessoa para auxiliá-lo na tarefa de governar. Por isso Deus formou Eva da costela de Adão, para que os dois fossem um só e cumprissem o seu propósito: desfrutar do jardim, governar sobre todas as coisas e multiplicar sobre a Terra.

Então naquele cenário de cansaço e de desânimo, uma espera de recompensa frustrada por anos, ciente de que precisava crescer, amadurecer e expandir, uma menina linda e muito meiga apareceu com seu charme doce. Eu temia me desviar do meu foco, mas quando a conheci, abri o coração para uma amizade. E conversávamos sempre. Eu falava sobre o meu trabalho, as minhas conquistas, sobre o padrão de relacionamento que eu acreditava na época. Eu não fazia de forma consciente, mas ali eu já estava vendendo a ideia de parceiro ideal para ela. Eu contei que já tinha um apartamento e que gerenciava um time de vendas em uma corretora. E ela, que nunca teve papas na língua, sem a menor cerimônia, disse-me uma frase que marcou a nossa história: *"Você é um bom partido"*. Foi ali que ela acreditou no potencial da semente. E pouco tempo depois estávamos namorando.

Não foi fácil ficarmos juntos e eu não vou contar essa história aqui, pois só a história do nosso relacionamento já dá um livro. Por enquanto, o que vou dizer é que ela pagou um preço alto para ficarmos juntos. Suportou o tempo e a espera, e no final nós decidimos nos casar. E porque ela acreditou, eu senti o ânimo e a energia que precisava para mover a nossa vida juntos.

A espera para casar foi longa, durou quatro anos. Mas quando nós decidimos, nós nos movemos para noivar e casar em apenas quatro meses. Em quatro meses levantamos os recursos e organizamos a nossa festa de casamento. Sem padrinhos, sem doações, sem ajuda de ninguém, pois não foi necessário. Foi um exercício de todo o potencial que viveríamos juntos. Fizemos o melhor que podíamos com aquilo que tínhamos nas mãos. E foi lindo, valioso e memorável.

Eu acreditava que o casamento libera um poder extraordinário de multiplicação. E eu posso dizer que é real. Essa tem sido a nossa experiência. Desde que nos casamos a nossa vida deu saltos incríveis. Somos indivíduos, sim, mas, agora, muito mais do que isso, somos uma família. E uma família é uma unidade de pessoas que vivem pelo mesmo propósito.

A Dani me deu um lar, dois filhos lindos e sonhos. Ela me dá encorajamento, seu cuidado e seu carinho, oferece-me conselhos sábios. Quando olho para ela sinto muita gratidão, pois ela acreditou. E porque ela acreditou, hoje contamos juntos essa história. Temos um brasão da família Araujo. Temos um legado.

Meus tios Inês e Vicente
Os conselhos de vida

Ah, como eu amo esses dois! Tia Inês sempre foi uma pessoa muito carinhosa. Ela acompanhou a nossa família muito de perto. Mas a nossa história se aproximou muito mais logo após o meu acidente. Tia Inês havia conhecido um homem muito sério, de valores e princípios sólidos, muito comprometido com a carreira dele, um cristão com uma vida ministerial de serviço e doação. Ele é uma pessoa exemplar, que tenho a honra de chamar de pastor da família, querido conselheiro, amigo fiel. Tia Inês se casou com esse homem, e ele passou a ser o tio Vicente.

Assim que comecei a me recuperar do acidente, eu precisava de fisioterapia para recuperar os movimentos da minha perna direita. Tia Inês sugeriu que eu fosse morar com eles por um tempo, de modo que eu pudesse acessar serviços médicos melhores e ter um avanço no meu tratamento.

Tio Vicente é uma pessoa disciplinada e morar com meus tios foi importante para ele me ensinar essa disciplina. Um dia, fui a uma consulta com a tia Inês e no balcão da recepção havia alguns daqueles *post-its* amarelinhos. Inocentemente, eu peguei um daqueles bloquinhos e pus no meu bolso. Quando chegamos em casa, eu deixei o bloquinho sobre a mesa e a pergunta logo veio: *"Quem foi que te deu esse bloquinho?"*.

Eu me lembro de ficar meio tonto com a pergunta, pois eu ainda não tinha entendido que aquilo era uma espécie de furto. Mas fiquei sabendo na hora que "não se deve tomar nada que não te pertença". E isso se aplica a qualquer coisa. Se não é seu, não tome. Se não foi dado legitimamente a você, não receba. E para consolidar esse aprendizado, eu precisei escrever cem vezes num caderno: "Não devo pegar nada que não me pertence". E sou grato por essa lição. Ela me acompanhou por toda a vida. Parece um exemplo simples, mas o bom caráter é formado de pequenas escolhas bem-feitas.

Bom, o tempo de tratamento foi cumprido e eu voltei para a casa de minha mãe. Alguns anos depois surgiu a chance de prestar concurso para a Marinha do Brasil. Meu tio Vicente me incentivou a estudar e a me inscrever para esse concurso. Contra todo o risco de ser reprovado no teste físico, ele foi incansável na busca de se informar com os oficiais médicos e conhecidos de patente alta na Marinha brasileira, para tentar garantir que a minha necessidade de óculos e as sequelas do acidente não fossem impedimento para a minha aprovação.

Bom, o que eu podia fazer estava sendo feito: eu tratei de estudar. Nessa época, eu já trabalhava como *office boy* de uma rede de lojas de fotografia e ainda estava no ensino médio. Ou seja, o tempo disponível era escasso. Mas não foi impedimento para me impedir de passar na prova. Eu fui ao Maracanã e prestei o concurso. No dia seguinte, estávamos com o jornal na mão conferindo a aprovação dos candidatos. E meu nome estava lá, listado entre os vencedores. E que sensação boa aquela. Depois de tanta dificuldade para estudar, envolvendo primos queridos e outros membros da família nessa missão de me preparar para a prova, ler o meu nome naquela lista valeu todo o esforço.

O teste físico foi marcado e eu havia passado em tudo. No entanto a junta médica não me aprovou no exame de vista. E felizmente ou infelizmente, eu não fui conduzido à Marinha do Brasil por conta disso. Hoje, se olhar para trás, entendo que se eu tivesse pegado aquela rota, eu não estaria aqui escrevendo este livro. Minha vida teria sido totalmente diferente, eu não teria me casado com a minha esposa e não teria os filhos que tenho. Também, dificilmente estaria vivendo na América, prestes a me tornar cidadão americano. Tudo isso por conta de uma reprovação no concurso da Marinha? Não só por isso, mas pense comigo: o lugar que você está nesse momento é fruto das escolhas, das aprovações e das reprovações que você recebeu em sua vida.

    O tempo passou e eu já estava vivendo sozinho em Botafogo, já tinha conhecido a Daniella, e em um momento especial, em que eu precisei muito de um conselho certeiro para dar rumo a nossa vida, eu procurei os meus tios Inês e Vicente. Foi ali, sentado à mesa com eles, que eu recebi palavras de sabedoria para decidir sobre o nosso casamento. Naquele momento eu não tive dúvida e perguntei se o meu tio me daria a honra de celebrar o nosso noivado, e quatro meses depois o nosso casamento. E eles estavam lá, dando o brilho de sua alegria àquele momento conosco. Dava para ver o sorriso de orgulho em seus rostos. Marcou a nossa história.

Um tempo depois de casados, Daniella e eu já estávamos planejando a nossa mudança para os Estados Unidos. E eu fui atrás de conselhos com meus tios novamente. E novamente eu vi a boa mão de Deus trazendo Seus cuidados. Meu tio Vicente compartilhou uma palavra que tem referência na passagem dos espias de Israel, quando estavam examinando a terra prometida e deveriam fazer um relatório a respeito da terra. Aquilo fez muito sentido, pois antes de entrar na terra você precisa de estratégia. Ou seja, você deve avaliar as chances de progresso, de vitória, de conquista. E foi com esse espírito que eu me movi naquele tempo.

Outra palavra que eu recebi dele foi a seguinte: *"Eu te vejo como uma aranha, insignificante aos olhos dos outros. Mas mesmo as aranhas habitam em castelos"*. E ele ainda disse mais uma que me marcou profundamente: *"Ergue do pó o necessitado e do monte de cinzas faz ressurgir o abatido; Ele os faz assentar-se com príncipes e lhes concede um lugar de honra"* (1 Samuel 2:8).

Mesmo já vivendo na América, sempre tivemos nossos tios como conselheiros. Inclusive, no que se refere ao nosso posicionamento aqui como cristãos. Seus conselhos são como um sopro de Deus em nossas velas, impulsionando-nos para o rumo certo. Eu contei aqui apenas alguns episódios e, sem dúvida, esse casal é digno de receber uma honra.

Natanael e Sandra
A primeira experiência de trabalho

Vocês se lembram da loja de materiais de construção?! Esse casal foi muito especial, pois eles foram responsáveis pela minha primeira oportunidade de trabalho. Foi nessa loja que eu iniciei a minha jornada. E mesmo que ela tenha sido interrompida pelo acidente, foi a primeira e foi o botão de *start* de uma vida de trabalho duro e responsável, que continua sendo desenvolvida até hoje. Os pequenos começos são necessários porque sem eles não se alcançam as grandes conquistas.

Nessa primeira oportunidade eu aprendi a abrir e a fechar uma loja. Aprendi a atender as pessoas, anotar os pedidos, receber dinheiro e dar troco. Aprendi a receber materiais, conferir o estoque, organizar a loja e mantê-la limpa. Aprendi a equipar um cavalo ou uma mula com freios e arreios, selar e desselar esses animais, montar e cavalgar. Quantas coisas eu aprendi, mesmo na simplicidade e em tão pouco tempo, mas que foram o começo da construção de uma carreira que me fez crescer.

A honra que devo a eles foi pela sensibilidade de entenderem a nossa necessidade naquele episódio de nossas vidas e me darem aquela oportunidade de trabalhar e receber por isso.

Luiz Claudio
Treinado para servir

O Luiz era um vizinho nosso que conhecemos na Igreja Nova Filadélfia da Prata, dirigida pelo pastor Antenor Coelho. Ele tinha um armarinho daqueles de bairro, bem próximo da casa onde morávamos. Ele ficou sabendo da nossa história, do abandono do meu pai, da necessidade de assistência que tínhamos, do meu acidente com os sacos de cimento, da minha recuperação que estava avançada.

Depois da minha recuperação, eu não voltei mais para a loja de materiais de construção. Eu estava modelando enfeites de geladeira, esculturas de argila e massa durepox para ornamentos. O Luiz nos procurou para me dar uma posição no seu armarinho como balconista da loja. Eu aceitei trabalhar com ele e ele aceitou que fosse por meio período, já que eu estudava pela manhã, e à tarde lá estava eu abrindo a loja para seguir uma jornada que me deu mais uma boa experiência de servir às pessoas.

O Luiz era muito responsável e trabalhador, e a loja era um segundo negócio que ele tinha. Sua atividade principal era a corretagem de seguros. Porém a loja não vendia muito por ser uma loja de bairro, os itens mais vendidos eram doces e pequenos artigos de costura, canetas, papéis etc. Então depois de um tempo o Luiz se viu na difícil decisão de fechar a loja. Mas essa oportunidade e as experiências jamais serão esquecidas.

Pastor Antenor Coelho
Primeiro emprego de carteira assinada

Na época em que a loja do Luiz foi fechada, o Pr. Antenor Coelho já tinha um relacionamento com a nossa família. Nós tínhamos um envolvimento com a comunidade. Eu tinha participado da construção do prédio da igreja e aprendido a tocar bateria, violão e guitarra, e participava dos ensaios dos músicos. Vendo o meu envolvimento e o meu compromisso, o pastor Antenor me ofereceu uma posição em sua empresa como *office boy*. Foi o meu primeiro trabalho com carteira assinada.

Hoje, como empreendedor, eu vejo que a carteira assinada pode ter conotações diferentes para perspectivas diferentes. Por exemplo, enquanto empresário, a carteira assinada significa trocar suas horas de trabalho por salário. Enquanto trabalhador, principalmente naquela época, significava um troféu e mais um passo para a construção da carreira que me levou a ser o que sou hoje.

Nessa oportunidade com o Pr. Antenor, minha função era coletar os filmes fotográficos das lojas afiliadas e levá-los todos para o laboratório, onde esses filmes seriam registrados e tratados para impressão. Depois de prontos, eu os organizava por rota e saía para entregá-los às lojas afiliadas. Ele sabia das minhas habilidades com artes e logo me ofereceu uma recompensa em dinheiro para criar placas de rua para todas as suas lojas. Eu fiquei responsável por pesquisar o material, comprar, criar, pintar e montar essas placas. Que experiência essa! Foi uma daquelas experiências que mostram que quem quer fazer dá o seu jeito. Fiz muitas placas de rua e isso pôs bastante dinheiro extra no meu bolso.

Logo depois, eu me interessei em aprender tudo sobre revelação de filmes fotográficos e impressão. Eu fiz um curso dentro do laboratório, autorizado por ele. Aprendi a trabalhar com soluções químicas que operam no tratamento de filmes fotográficos para revelação de fotos. Aprendi também sobre o uso de cores e correções na teoria. Aprendi a operar a máquina que aplica a correção de cores nos filmes fotográficos e faz a impressão no papel. Foi uma experiência e tanto. Depois de uns seis meses, eu fui promovido a auxiliar de mini laboratório, e isso se tornou mais uma conquista para mim.

Lembra-se daquela bicicleta que eu comprei com o meu próprio dinheiro? Foi nessa época que eu tive a oportunidade de fazer essa aquisição que me trouxe tanto prazer.

Infelizmente, eu dei ouvidos a uma pessoa que me ofereceu conselhos equivocados dentro daquele laboratório, e ao invés de honrar aquele homem que havia me dado uma oportunidade, eu deixei a vaidade entrar e não exercitei a gratidão com a atitude correta. Ali, eu aprendi a mentalidade do assalariado. Não tem nada de errado em você trabalhar por um salário, mas seja feliz com as suas escolhas. O que eu fiz foi pressionar o meu benfeitor por mais dinheiro. Eu precisava aprender humildade e gratidão. E pouco tempo depois eu pedi as contas daquele trabalho que me ensinou tanto.

Guardo na memória o carinho e o acolhimento do Pr. Antenor Coelho, o homem que me concedeu a oportunidade de ter meu primeiro emprego formal. Esse momento se tornou um verdadeiro troféu para mim. Recebi minha primeira assinatura na carteira de trabalho aos 14 anos e mantenho esse registro como símbolo de conquista. Aos 29 anos, deixei de ser assalariado, mas ainda guardo com carinho esse troféu, que se tornou uma relíquia da minha história. A honra desse marco em minha vida dedico com gratidão ao Pr. Antenor Coelho.

Luiz Carlos, João Luiz Borges e Ronaldo Alves
Autonomia

Logo depois de me desligar da Cintia Foto, rede de lojas de revelação e artigos fotográficos do Pr. Antenor Coelho, o Luiz Claudio veio nos visitar e me perguntou se eu gostaria de uma nova oportunidade, dessa vez para trabalhar com um grupo de corretores de seguros no Centro do Rio de Janeiro. O Centro do Rio de Janeiro era o lugar onde os negócios de verdade aconteciam, onde o dinheiro circulava com força, e é claro que eu disse "sim". Foi aí que eu conheci o Luiz Carlos Rocha, o João Luiz Borges e o Ronaldo Alves.

Luiz Carlos Rocha foi um mentor nesse período, trabalhando com seguros nesse escritório. Ele me ensinou responsabilidade, pontualidade, transparência, lealdade, falar a verdade sempre. Tínhamos conversas muito maduras sobre procedimento no trabalho. Ele me ensinou tudo sobre sistemas e sobre cálculos de seguros. Ele queria me ver progredir em tudo.

João Luiz Borges foi uma espécie de padrinho. Ele era meu conterrâneo, de Nova Iguaçu, mas morava na parte nobre da cidade. Eu olhava para a vida dele, para a família que ele tinha, o lugar onde ele morava e o carro que ele dirigia, e pensava: "É isso que eu quero para mim". Esse camarada tinha um carinho especial comigo. Parecia realmente interessado em me encorajar a crescer.

O Ronaldo Alves, dos três sócios do escritório era o mais distante no relacionamento, mas só a presença dele ensinava muito. Ele tinha compromisso com os seus horários e com o dos outros. Tinha responsabilidade quanto à confiança que os clientes depositavam no trabalho dele. Ele era perfeccionista e tinha prazer em trabalhar e ser produtivo.

Trabalhar com esses três foi uma ótima experiência, que me ensinou muito e me fez desejar ter o meu próprio negócio. O preço foi alto, pois eu, um adolescente de 15 anos naquela época, acordava bem cedo, às 5h, para andar cerca de um quilômetro até o ponto de ônibus, que não tinha horário para passar. Quando chegava, não havia lugar para sentar, e eu ia de pé toda aquela viagem, por cerca de duas horas, dependendo do trânsito na Avenida Brasil, até chegar à Igreja da Candelária, que era o ponto de referência para o prédio do escritório.

Eu havia tentado ir de trem algumas vezes para tentar ser mais rápido e produtivo, mas a viagem ficou pior. Em um episódio, o trem saiu tão cheio da estação de Nova Iguaçu, que eu fui de uma estação a outra pendurado na janela, por não ter espaço para entrar no vagão. Que perigo! E a volta para casa era a segunda jornada do dia. E mesmo nesse cenário, à noite, cansado do dia, eu ia para a escola sem desculpas, todos os dias, para continuar meus estudos, trabalhar a minha formação intelectual.

E eu progredi desenvolvendo uma habilidade de memorização em sala de aula. Como o tempo para estudar fora daquele ambiente era muito escasso, eu tive que aprender a absorver tudo que era possível no momento da aula. E por volta das 22h30, eu voltava para casa. Essa foi a minha rotina por cerca de dois anos.

São memórias que me fazem dar valor a toda a trajetória da minha vida. Se o seu objetivo for crescer e prosperar com honestidade, trabalho duro e propósito, nenhum preço que você pagar no meio do caminho será em vão. Foi ali, naqueles ambientes, que eu recebi uma semente de indignação com a minha realidade e outra de possibilidades de crescer e prosperar. Eu trabalhei a resistência e a perseverança. Eu desejei prosperar! Esses ambientes novos me ajudaram a construir um caminho para lugares excelentes.

José Cesar Motta
Mestre de guitarra

Quero abrir aqui um lugar de honra ao meu saudoso professor de guitarra da Escola de Música da Banda Catedral. Na época em que eu comecei a aprender música, meu instrumento preferido era a guitarra. Aliás, sempre foi. E o José Cesar era uma referência de músico erudito e virtuoso.

Os seus solos de guitarra eram inspiradores para mim. Eu, que já tinha um tempo escasso por conta do trabalho e dos estudos, não me furtei em aprender o meu instrumento preferido. E fiquei sabendo que o estúdio de gravação e escola de música da Banda Catedral ficava bem próximo à casa de uma de minhas tias, em Nilópolis.

Eu me inscrevi para estudar guitarra na Escola de Música JCM, acrônimo usado para representar as iniciais dos nomes dos três irmãos – Julio Cesar Motta, José Cesar Motta e Joaquim Cesar Motta (Kim). Assim, eu tive o prazer de ter um dos guitarristas mais talentosos do Brasil como meu professor de guitarra. Isso era um sonho e me ensinou que é possível ter acesso às pessoas que você considera distantes.

Ali, naquele estúdio, aprendi a tocar guitarra em outro nível. E ter o melhor professor da época ensinando suas técnicas foi um enorme presente.

Veja como ordenhar pedras também é uma questão de desejar muito ocupar lugares excelentes e os ambientes certos, que te dão passaporte para andar com pessoas extraordinárias. É encontrar o caminho e as possibilidades disponíveis a um passo da sua decisão e da sua atitude.

O querido professor José Cesar Motta nos deixou no dia 6 de abril de 2023. Ele foi um dos fundadores da Banda Catedral, que é uma das mais icônicas do cenário do rock cristão no Brasil.

Tulio Severo Jr.
Mestre do *marketing*

Esse querido amigo cunhou o termo "tirando leite de pedra". Quando o conheci, eu estava estudando Direito em Copacabana, Rio de Janeiro. Vi uma vaga de estágio para alunos de Direito oferecida pela Sabemi Seguradora. O Tulio Jr. era diretor de *marketing* da Sabemi à época. Minha entrevista foi com ele. No momento da entrevista, você deve ir preparado para vender a melhor imagem de você mesmo. Então vista-se de modo adequado à vaga pretendida e vá com seu discurso preparado para conectar a sua história com a proposta oferecida.

Em minha entrevista com ele, eu tive a oportunidade de contar um bom pedaço de minhas façanhas. Inclusive, levei para a mesa o fato de que naquela idade eu já era independente, morando sozinho em meu apartamento quitado em Botafogo. E isso o surpreendeu, pois naquela idade pouquíssimas pessoas já tinham um troféu como esse para exibir.

Em um dos momentos da nossa entrevista, ele já estava sorrindo, dando a sua aprovação, e ressaltou a frase: *"Você tira leite de pedra"*. E se eu olhar para trás, em toda a minha história, não foi exatamente isso que eu fiz? Tirei das circunstâncias mais adversas oportunidades de prosperar e continuar crescendo?

O tempo em que estive no programa de estágio foi incrível. Apesar de participar ativamente de eventos relacionados a processos jurídicos, eu rapidamente me envolvi com o Departamento de *Marketing* para aprender o máximo que eu pudesse, enquanto no Departamento Jurídico eu aprendia sobre estruturas legais, defesa dos interesses da companhia e técnicas de argumentação. Isso é comunicação pura!

No *marketing*, eu aprendia com o Tulio Jr. sobre como fazer. E fazer *marketing* de seguradora não é tarefa simples. Você lida com a cultura brasileira que não está ligada à prevenção nem à proteção patrimonial. O brasileiro tem um problema de educação financeira, que é ligado à cultura do "viver o agora". Nos Estados Unidos, onde vivo há quase nove anos, é um pouco diferente. Aqui as pessoas são mais conscientes quanto à necessidade de seguro para tudo, inclusive para proteger o seu patrimônio em função de processos trabalhistas ou por danos patrimoniais.

Na última oportunidade que tive de encontrá-lo pessoalmente em um evento de empresários na Câmara de Comércio do Rio de Janeiro, ele repetiu a mesma frase: *"Esse cara aqui tira leite de pedra"*. Tulio Jr. foi e é um mestre! E eu continuo o chamando assim.

Leonardo Mello
Mestre no empreendedorismo

Esse é outro querido amigo que tenho a honra de chamar de mestre. Leonardo foi sócio do Tulio Jr. na Fatus Corretora de Seguros. Depois de trabalhar na Sabemi Seguradora, eles tinham uma operação bem grande por meio dessa corretora, e sabendo das minhas habilidades com *marketing* e *design* me convidaram para fazer parte do time. A oferta foi irresistível e eu aceitei.

Com esses dois eu aprendi a conduzir um negócio. Depois de um tempo, o Túlio Jr. saiu da operação e o Leonardo continuou tocando a Fatus. Eu permaneci com ele. Foi a oportunidade que eu tive de desenvolver um departamento comercial dentro da corretora. E funcionou! Depois de seis meses de trabalho intenso e de estruturar a rotina desse departamento, a estratégia era bem simples: pegar os vencimentos do seguro de automóvel de todas as pessoas conhecidas e pedir o contato ou a indicação de parentes ou amigos dessas pessoas para crescer a base de dados e agendar os contatos no período do vencimento. Uma vez que o seguro de automóvel estava fechado, nós fazíamos o *upsell* oferecendo seguro residencial e de vida, e cobertura para equipamentos eletrônicos, como celulares e *laptops*.

Depois de crescer a demanda e de consolidadas as estratégias comerciais implantadas, logo estávamos contratando um novo gerente, assistentes e *office boy*. E que maravilha ver o negócio prosperar sob o seu governo! A ideia do Leonardo era me transformar em CEO do negócio. Então nós conversamos sobre a possibilidade de investir em uma nova formação acadêmica, com foco em desenvolver as minhas habilidades em liderar pessoas e processos, e ele concordou em participar da minha próxima formação acadêmica, contribuindo com parte significativa do custeio do programa de Administração. E isso foi muito determinante na minha história, pois foi em uma das turmas do curso de Administração que eu conheci a Daniella, minha esposa.

Eu estava feliz ajudando o Leonardo a progredir no seu negócio, mas tinha algo pulsando no meu coração que me impulsionava a viver algo mais emocionante, algo que fosse meu, que estivesse ligado a minha identidade e, por consequência, ao meu propósito. Depois de amadurecer a ideia, eu resolvi abrir a minha agência de comunicação. E assim foi. Eu deixei a segurança daquele ambiente acolhedor, que me fez crescer, para explorar novos horizontes. Levei o tema para a mesa com o Leonardo, e em uma conversa amigável eu contei os meus planos e recebi o apoio dele.

A verdade é que ele não queria que eu deixasse a corretora, pois ele enxergava a importância do meu papel lá dentro para dar dinâmica e crescimento ao negócio. Mas eu precisava dar esse passo de independência rumo a minha trajetória como empresário. Eu precisava formar a minha própria tribo. Por isso, quando deixei a corretora, eu saí com a semente para formar a Tribo de Comunicação. Leonardo foi um mestre que me ajudou a me apresentar bem em qualquer situação. Ele foi um exemplo que eu modelei por bastante tempo. Até a minha forma de escrever e-mails foi influenciada por ele. Pois comunicação não é o que você diz, é o que outro entende. Eu sou grato por todo o aprendizado e por todo o incentivo que eu recebi nesse período. E ainda hoje conservamos uma amizade, um respeito e um carinho um pelo outro e pelas nossas famílias.

Alcides Mello
Meu primeiro projeto de marca remunerado

Dr. Alcides Mello era o pai do Leonardo Mello. Quando o conheci, ele já era um senhor de idade avançada, advogado bem-sucedido e muito ativo no ramo imobiliário. Era um visionário, sem dúvida. A empresa precisava se posicionar em um contexto de negócios bem promissor, mas não tinha nem mesmo uma marca para capear a sua identidade visual.

Ele sabia de minhas habilidades com *marketing* e criação, então me convidou para criar o novo projeto de marca de sua incorporadora imobiliária, a Relyse. Eu me senti muito honrado e devolvi a honra com o melhor projeto de marca que poderia ser entregue naquela época. Minha apresentação envolveu até 3D *rendering*. Esse projeto foi tão especial, que até no contrato o pagamento foi o equivalente a dois meses de salário pela corretora.

Isso foi um incentivo para que eu avançasse na direção de abrir a minha agência. E não muito tempo depois foi o que aconteceu.

Eu quero honrar o Dr. Alcides Mello aqui, neste trecho, pois foi a ignição de um projeto que perdura. A Tribo de Comunicação continua atuando como agência de *marketing* no Brasil, graças, também, à semente plantada pelo Dr. Alcides Mello.

Dr. Lino
Fingiu ser meu pai

Dr. Lino foi uma pessoa querida que eu jamais poderia deixar de honrar neste livro. E possivelmente, sem a atuação direta dele eu não estaria aqui, contando esta história.

Em 2007, eu passei por uma crise de saúde que poderia ter me levado à morte. Eu me lembro de acordar madrugadas seguidas com uma dor abdominal insuportável, que me fazia descer da cama para me contorcer pelo chão. Não havia remédio que fizesse essas dores passar. Eu ficava horas deitado no chão em posição fetal ou de joelhos, mas nada resolvia as crises de dor.

Eu morava sozinho no meu apartamento, em Botafogo, e sabia que tinha a emergência do Hospital Rocha Maia bem perto, na Rua General Severiano. Com as crises se tornando cada vez mais constantes e intensas, eu passei a ir caminhando ou, literalmente, arrastando-me pelas madrugadas até chegar ao hospital. Na recepção eu nem conseguia falar. Eu tinha que escrever o que eu estava sentindo. Então a equipe de enfermeiros me colocava em uma maca e eles aplicavam uma medicação na veia do meu braço. Depois de uma hora deitado na maca recebendo aquele medicamento, meu corpo relaxava, a dor aliviava e eu voltava para casa, para dormir mais uma hora e meia e continuar a minha rotina de trabalho e estudos. E isso se repetiu por semanas.

Eu não tinha plano de saúde nessa época e por falta de orientação deixei passar muito tempo sem fazer os exames apropriados para tratar o problema. Daí você percebe o quanto o sistema de saúde pública é ineficiente. Nenhuma consulta mais detalhada para diagnosticar o meu problema foi feita no Hospital Rocha Maia, nenhum encaminhamento para exames foi dado. Sem a ajuda do Dr. Lino, eu literalmente teria "ido para o saco".

O Dr. Lino era médico da rede pública, pai de dois grandes amigos, Lino e Gabriel. Nós estávamos sempre juntos e tínhamos uma vida ativa em missões e eventos da igreja que ajudamos a fundar. Um certo dia, estávamos no acampamento da igreja, participando de um encontro de final de semana chamado Encontro com Deus. Nós servimos juntos nesse evento e à noite, estávamos todos no alojamento dormindo, quando eu tive uma dessas crises de dor.

Dormíamos em beliches, eu estava na cama de baixo e o Lino na cama de cima. Eu acordei com dor abdominal, e ela estava tão intensa que eu não suportei e me levantei para pedir ajuda. Mas eu não conseguia falar, e gemendo de dor eu pus a mão no braço do Lino, que dormia na cama de cima. Ele pulou da cama em um susto aterrador. Agora, lembrando da cena, dá vontade de rir. Eu parecia mesmo um *walking dead*, e quando o Lino sentiu a minha mão no braço dele e me viu todo curvado de dor, gemendo, à noite, foi a visão de uma assombração mesmo. Tanto que ele pulou da cama com os olhos arregalados, já pronto para destroçar aquela visão assombrosa. Até que ele se deu conta de que era eu. Ele me socorreu imediatamente. Não tínhamos muitos medicamentos no local, mas ele conversou comigo, aconselhando-me a procurar o pai dele, o Dr. Lino, para conduzir uma bateria de exames para identificar o problema.

Ao voltar para o Rio, procuramos o Dr. Lino para conversarmos e ele prontamente se envolveu no meu caso, assumindo como se eu fosse seu próprio filho. Nos exames foi constatado que eu tinha pedras na vesícula e que o estágio inflamatório estava avançado. Assim, precisava fazer uma cirurgia o mais rápido possível.

Para conseguir a cirurgia pela rede pública sem ter que esperar na fila, que pode te fazer morrer, literalmente, Dr. Lino me aconselhou a me apresentar ao cirurgião que conduziria o procedimento em um hospital público de Nova Iguaçu como seu filho. Veja, os sobrenomes são diferentes, eu sou fisicamente diferente e não havia nenhum contexto que me desse esse respaldo. Mas dizer que eu era filho do Dr. Lino fazia parte do jogo para eu conseguir fazer a cirurgia rapidamente pelo sistema público. O cirurgião que me entrevistou antes da cirurgia sabia que não era verdade, mas fez vista grossa. E se não fosse dessa forma, você não estaria lendo este livro.

Por isso eu quero honrar a memória do Dr. Lino, que fingiu ser meu pai para que eu vivesse e contasse a minha história.

Gabriel Teixeira
Nomecom Group

Um amigo e irmão. Quantas histórias eu poderia contar que envolvem o Gabriel. Quantas músicas escrevemos, quantos eventos criamos e participamos, quantas missões fizemos, quantas ondas surfamos e quantas risadas nós demos? Muitas! Se eu pensar mais um pouco dá pra escrever outro livro. Mas aqui, neste contexto, digo apenas que ele foi um agente importante no início da minha jornada como empresário, pois foi, literalmente, por conta de um comentário feito por ele, que eu tomei a decisão de deixar a minha promissora carreira na corretora do Leonardo para me aventurar como empreendedor na comunicação.

Eu não vou contar o que ele disse, mas foi o suficiente para eu decidir me mover na direção de montar uma agência. E a primeira agência foi com ele mesmo. Éramos três sócios: Leonardo, Gabriel e eu. Fundamos a Nomecom Group. E tinha tudo para ser um sucesso!

Leonardo era muito criativo e com habilidades surpreendentes como redator publicitário. Tinha muitos contatos importantes, que poderiam se tornar clientes grandes da agência. O Gabriel era extremamente criativo e espontâneo, sempre tendo ótimas ideias. E eu era a moldura do quadro, que punha ordem nas coisas, que deixava o negócio organizado.

A Nomecom era uma semente e tinha um grande potencial, mas estávamos em momentos diferentes e a agência não avançou. No entanto foi o suficiente para me encorajar a seguir em frente com outra ideia, mesmo em carreira solo por um tempo, e eu decidi abrir o CNPJ da Tribo de Comunicação.

Gabriel foi a ignição para disparar esse foguete que trouxe tantos desafios e tantas alegrias. Quem diria que aquele menininho pobre de Nova Iguaçu teria a sua própria agência de *marketing* aos 29 anos!

E aqui temos um ótimo exemplo de como tirar leite de pedra, pois aos 29 anos, ao sair da corretora, minha reserva de recursos era bem limitada. Por isso, quando eu iniciei a Tribo de Comunicação, eu não tinha recursos para tocar a agência. Porém eu tinha o necessário: fé, atitude, um computador, contatos, boca para falar, pernas para caminhar e talento para usar e servir. E foi o que fiz.

Sem dinheiro para iniciar, no primeiro mês de vida da agência, eu já havia fechado um contrato que me pagou o mesmo valor que eu recebia de salário pela corretora. E de lá para cá, cada experiência se tornou um novo degrau para continuar subindo.

Thiago Neves
O sócio

Conservo um carinho especial e uma gratidão pelo tempo em que o Thiago Neves foi meu sócio na Tribo de Comunicação. Eu já estava atuando sozinho há um tempo e estava mesmo procurando um parceiro que pudesse se unir a mim para multiplicar.

A agência estava progredindo e eu continuava operando o meu trabalho comercial, fazendo contatos, buscando oportunidades e novos clientes. Na necessidade de ter um parceiro, um amigo em comum me apresentou o Bertão, que era sócio do Thiago em uma agência digital. Enquanto agência digital, eles poderiam me ajudar a absorver a demanda de projetos que eu estava captando, muitos deles relacionados com posicionamento digital, criação de *websites* e conteúdo para redes sociais. Eu fui convidado a conhecer o escritório deles e lá conheci o Thiago, sócio do Betão à época. A agência digital dos dois não estava indo bem. Nós mantivemos contato e em outra oportunidade o Thiago se ofereceu para me ajudar na agência. Ele era – ou melhor, é – um profissional muito talentoso, com uma experiência fantástica em *design*, em estratégia e no mundo digital, e eu vi naquele momento a oportunidade de a Tribo crescer. Convidei o Thiago para ser sócio. E assim foi por vários anos. Muitos clientes foram adicionados à agência nesse tempo. E eu e o Thiago tiramos leite de pedra. Fizemos acontecer! Até que ele recebeu uma proposta irresistível da CBF e anunciou que deixaria a agência.

Thiago mantém seu posto na CBF e continua fazendo um excelente trabalho. Ele deixou um legado de criatividade e de expansão que me enche de gratidão.

Richardson Valle
O conselho

Bem na época em que Daniella e eu decidimos nos mudar para os Estados Unidos, fomos apresentados ao Richardson Valle, por outro amigo, o Adílio Junior. Fomos convidados a passar um final de semana em sua pousada. Richardson foi um grande empresário do ramo de petróleo e gás na década de 80. Quando decidiu se aposentar, escolheu viver uma vida reclusa de meditação em sua pousada na Região dos Lagos, no Rio de Janeiro.

Olhando em volta, sua sala era repleta de livros, jornais e revistas, e eu logo percebi que ele era uma pessoa dedicada à leitura. Tivemos diversas conversas sobre o propósito da vida humana e sobre o poder que a mente tem de acessar informações e ideias por meio de sonhos e *insights*, e de como gênios, em diversas áreas, foram revelados ao mundo nas mesmas épocas, a exemplo de Graham Bell e Antônio Meucci, ambos inventores de sistemas de telefone. As conversas eram muito boas e duravam horas.

Em uma manhã de domingo, sentamos à mesa para tomar café, e o Adílio puxou a conversa dizendo que eu e minha esposa estávamos querendo nos mudar para os Estados Unidos. Como eu disse no início deste livro, eu sou uma pessoa que acredita que a nossa vida pode ser guiada para prosperar quando submetida à direção ou à inspiração do Deus Eterno. Como a decisão de mudar de país é complexa e exige coragem, nós estávamos orando, pedindo a Deus orientação e palavras que confirmassem a nossa escolha, assim como um bom capitão de navio também quer entender a direção dos ventos antes de içar as velas.

Eu comecei a falar a respeito do momento político e econômico atual, e sobre como isso impactaria os negócios, a segurança, e nessa conversa traçamos uma linha de tendência. Até que o Richardson disse algo tão certeiro, com tanta autoridade, que imediatamente o meu coração ardeu. Ele disse: *"Os Estados Unidos é um lugar muito fértil para atuar na atividade de vocês. A economia do Brasil não vai melhorar, pelo menos nos próximos 15 anos. Não planeje demais, pois o tempo passa rápido. Se eu fosse você, arrumaria as malas e partiria para os Estados Unidos hoje mesmo".* E eu pensei: "Deus está falando". Tanto que eu saí daquela mesa energizado e o nosso processo depois daquele dia foi aceleradíssimo.

Isso mostra o quanto palavras são poderosas para gerar novidade, encorajar, dirigir, dar sentido, revelar propósito e dar forma à realidade.

Esse conselho, juntamente a outros, foi essencial para catalisar o processo de mudança para a América. Porque um sonho não significa nada sem atitude, e a sabedoria para decidir e mover está nos conselhos que recebemos. A decisão sempre vai ser sua, mas é em vários conselhos que se encontra a sabedoria para decidir. E naquele tempo, o Richardson nos ajudou a ordenhar pedras.

Edu
Uma porta aberta

No meio do processo de mudança para os Estados Unidos, eu estava buscando informações. E eu já havia recebido o conselho do Richardson. Nessa época, eu estava saindo de um projeto de aplicativos de pagamento com outros dois sócios. Nós tínhamos a intenção de levar o projeto para a Califórnia, porém no meio do caminho o projeto teve que ser interrompido. Mas o plano de mudar para os Estados Unidos permaneceu. Fizemos apenas uma mudança de trajetória.

Eu já morava na Barra da Tijuca. Meu escritório ficava a poucos quilômetros de casa, bem no trajeto da Avenida das Américas. Eu precisava abastecer o carro. Parei num posto da Avenida das Américas, saí do carro para respirar um ar, e quando olhei para o lado vi um rosto que me pareceu familiar. Havia muito tempo que eu não via aquele amigo, desde a época em que andávamos juntos na igreja que ajudamos a fundar.

Eu admirava o Edu. Na minha visão, ele era uma pessoa que sempre representou sucesso. Um dia, ele me deu uma carona e conversávamos sobre os meus talentos na música, nas artes. Eu ainda não tinha a minha agência, e foi ele quem lançou a primeira provocação dizendo: *"Você está vendo aqueles outdoors lá na estrada? Poderia ser a sua empresa criando aquela publicidade. Por que você não inicia a sua própria agência?"*.

Lembra do poder que as palavras têm? Pois é! Essas peças são importantes quando a gente olha para trás e vê o quebra-cabeça que estamos montando. Tudo faz sentido.

Voltando ao posto de gasolina na Avenida das Américas, eu reconheci o Edu e logo fui cumprimentá-lo. Ele me contou que estava morando nos Estados Unidos e que tinha aberto uma empresa lá. Eu fiquei surpreso por essa conversa ter ocorrido no momento em que eu estava me preparando para fazer o mesmo movimento. Então eu pedi para atualizar nossos contatos e perguntei se eu poderia continuar a conversa com ele em outro momento. Nós nos reaproximamos e depois de muitas conversas, ele me deu a sua agenda de viagens e me convidou para fazer uma viagem de reconhecimento. Ele me aconselhou a conhecer a Flórida e me orientou a explorar conexões por lá. E foi o que eu fiz.

Eu já tinha o passaporte. Fiz o meu primeiro visto de turista e comprei passagens para passar 17 dias em Orlando, para conhecer o lugar, participar de eventos de *network* empresarial e conhecer pessoas. E foi ótimo! Foi nessa viagem que eu compreendi as oportunidades que estavam abertas naquele momento. E o Edu me ajudou a tirar leite de pedra.

Dr. Anthony Portigliatti
Um anjo de Deus

Em minha primeira vinda com o Edu aos Estados Unidos, eu conheci o Dr. Anthony Portigliatti, uma autoridade na região, com uma reputação forte. À época, ele era presidente e reitor da Florida Christian University, além de comandar dezenas de outros negócios. Encontrei um homem bem-sucedido, muito sério, comprometido com a família, e que logo se tornou um conselheiro e amigo.

A Florida Christian University é uma Universidade renomada na Flórida, que foi cursada por nomes como Paulo Vieira, Augusto Cury e Tiago Brunet. Foi nesse ambiente que eu encontrei conexões valiosíssimas.

O Edu me chamou para conhecer um prédio de salas comerciais, no espaço em que operava a Universidade. Nesse dia, sentamo-nos com o Bruno, filho do Dr. Anthony, hoje reitor da Universidade e um líder reconhecido na Flórida. Eu fui me aconselhar com ele sobre como abrir um negócio nos Estados Unidos, e enquanto conversávamos, passou pela sua porta o Dr. Anthony, que logo voltou e parou na entrada da sala, filmou a gente de alto a baixo, e no momento em que ele se apresentou, fez as clássicas perguntas: *"Quem é você, de onde você é e o que você faz?"*.

Dr. Anthony é uma pessoa com uma presença marcante, e no ambiente de negócios ele é intimidador. Ele sabe a posição dele e governa muito bem, sendo consciente do seu espaço, do seu reconhecimento e da sua percepção, que ele mesmo gera intencionalmente. Eu me vi intimidado pelas suas perguntas diretas, e você pode se sentir encurralado se você não está preparado e não tem segurança a respeito de quem você é e qual o seu propósito.

Nem sempre você está pronto para responder com o nível de clareza necessário, porém se tiver consciência, prepare-se para as oportunidades, pois na maioria das vezes elas só se apresentam uma vez. Eu não digo que estava pronto, mas as minhas respostas foram o suficiente para ouvir a frase: *"Interessante. Acredito que tenho uma oportunidade para você".*

Ouvir essas palavras foi como um sinal de que estávamos nos movendo na direção correta. Depois de me ouvir e de dizer isso, ele me convidou para participar da inauguração de um projeto dele relacionado com Residência Assistida para Idosos (Assisted Living Facility), quando, então, ele teria um momento comigo para falar um pouco mais sobre a oportunidade que havia citado. E lá estivemos, mas a continuação da conversa ainda não foi nesse dia.

Nesse mesmo período de 15 dias de reconhecimento da região em Orlando, depois de visitar o prédio comercial, analisar a infraestrutura e avaliar as oportunidades presentes ali, sendo aquele espaço um *hub* de negócios, eu entendi que deveria lançar uma âncora na América, e a minha fé e a minha ousadia me fizeram iniciar o processo de abertura da empresa com o Bruno e alugar uma sala comercial no mesmo prédio da Florida Christian University. E tudo isso sem nem sequer ter a estratégia de visto para o Green Card definida. Isso parece loucura para você? Pode parecer se você não souber para onde está indo e quem é que garante a sua passagem. Mas eu confiei no Senhor, o Deus Altíssimo, e jamais fui confundido.

Era importante criar essa conexão com a família Portigliatti, apesar de eu ainda não ter a visão completa a respeito da importância dessas pessoas tão queridas na nossa história. Para encurtar, eu vou contar de forma resumida alguns trechos que deram sentido à nossa vida na América.

Depois de nos encontrarmos diversas vezes e confirmar a abertura da nova agência nos Estados Unidos, fomos estreitando laços, e o Dr. Anthony me fez o convite de voltar a Orlando para uma conversa alguns meses depois. Esse foi o tempo que eu precisava para agilizar nossa estratégia de imigração.

Em dois meses eu estava de volta, sentado em sua mesa, negociando aquela oportunidade que ele havia citado em nosso primeiro encontro. E não é fácil sentar àquela mesa. Você precisa estar pronto para perder alguma coisa. Dou risada enquanto escrevo, pois eu não entendia a potência do que estava se estabelecendo naquele momento, sentado àquela mesa, nem mesmo o quanto de tesouros inestimáveis eu teria acesso só de estar ali. O fato é que iniciamos uma relação de negócios que foi e tem sido um portal de oportunidades, e uma relação de amizade que perdura.

Aquele dia foi crucial para o nosso sucesso na América. Eu não dispunha de todos os recursos necessários para fazer algo grandioso, mas eu tinha o suficiente para começar uma jornada emocionante, porque se você quiser saber se Deus está no negócio, procure no orçamento. Se o orçamento couber no que você pretende fazer, esqueça, Deus não fará parte disso, pois não há espaço para o milagre d'Ele. Agora, se ao contrário, você sabe que o orçamento não cabe, mas você tem certeza de que Deus o está impulsionando para uma determinada direção, então se mova, pois a sua atitude de fé vai atrair o milagre. E assim foi comigo.

Nos dois primeiros anos na América tive que pôr toda a pressão ao ordenhar as pedras, pois a minha necessidade me direcionava a fazer o meu nome conhecido, e construir uma reputação. E construir reputação não é do dia para a noite. Aliás, reputação é uma das qualidades mais caras de um empreendedor. É uma das que mais demoram para se edificar e das que mais rápido se destroem se você não cuidar bem. Por isso construa e cuide de sua reputação. Ela vale ouro! Ela é a imagem, é a percepção de valor que precede a sua chegada.

Nesse tempo, o Dr. Anthony, vendo o meu esforço para ampliar nossas ações e captar novos clientes, aconselhou-me a integrar grupos de *network* empresarial de brasileiros e americanos na região de Orlando. Ele ligou pessoalmente para um amigo que presidia um movimento empresarial chamado Recomendo em USA e literalmente me recomendou para integrá-lo.

Daí por diante, era o meu papel desenvolver a percepção dos demais empresários da região e me tornar interessante nesses ambientes, gerar valor às minhas entregas e até aceitar projetos e contratos com valores abaixo do que se espera receber para ter a oportunidade de entregar projetos surpreendentes, fazendo com que esses empresários atendidos por nós amplificassem o nosso valor e nosso bom nome na comunidade, falando bem e recomendando a nossa agência.

Mas nossa relação com a família Portigliatti foi além dos negócios. Eu carrego uma grande admiração pela forma como o Dr. Anthony trata a família dele, pelo carinho com que recebe e promove seus filhos, pelos homens de valor que eles são e pelo reconhecimento que eles têm. Sem diminuir o valor que cada um dos seus filhos conquistou com suas próprias ações, ali existe um pai amoroso e um mentor comprometido com a edificação de um caminho e um projeto para cada filho. E com essa admiração eu me aproximei para pedir um conselho específico.

Daniella e eu estávamos conversando sobre ter o nosso primeiro filho. E como eu havia dito, os dois primeiros anos de América foram duros. Como todo homem, eu estava preocupado com o momento ideal, pois na construção de uma carreira nos Estados Unidos, colocar um filho no meio desse cenário poderia afetar tudo. Então, com o coração aberto e com essa sinceridade, eu procurei o Dr. Anthony para me aconselhar sobre o melhor momento para termos nosso primeiro filho. E ele, muito gracioso ao falar, imprimiu em mim estas palavras: *"Não se preocupe. Com o filho vem o pão debaixo do braço"*.

E assim foi. Mais do que isso até. Pouco tempo depois, Daniella engravidou e eu fui lhe levar a notícia. Ainda não sabíamos o sexo do bebê, e sentado à mesa dele, ele me perguntou quando seria a chegada do bebê, se já sabíamos o sexo e se já havíamos escolhido um nome. Eu respondi que o bebê chegaria no final de junho, e que sendo menino se chamaria John, e se fosse menina nós a chamaríamos de Helena. Pois ele fitou os olhos em mim, esperou alguns segundos e respondeu: *"Vai ser menino, vai se chamar John e vai nascer no dia 4 de julho"*. Eu ri por um instante, mas guardei aquilo no coração com certo zelo, pois da forma como foi dito, trouxe-me uma impressão de que John não seria apenas o meu primeiro filho, mas um sinal de que Deus Pai estava confirmando mais uma vez as nossas novas raízes na América.

Cerca de oito meses se passaram, já tínhamos a confirmação de que era um menino, portanto, John, mas ainda não sabíamos a data do parto. No dia 3 de julho, Daniella começou a ter dores, que se intensificaram, até que fomos para o hospital à noite, ela foi internada, e no dia 4 de julho nasceu nosso primeiro filho, John, sob a graça de Deus. Exatamente como o Dr. Anthony havia predito.

Além disso, o advogado que cuidou do nosso caso de imigração e a estratégia vencedora para o nosso processo de Green Card nasceram naquela mesa. Para nós, pintando um quadro, a pessoa do Dr. Anthony é como um anjo de Deus que guarda a porta da América. Ele tem a chave, ele abre a porta e ainda aconselha sobre como devemos seguir para prosperar.

Não apenas por esses episódios, mas por muitos outros, que escrevendo dariam outro livro, eu honro a vida do Dr. Anthony e de sua família. Não somente aqui, mas em todos os lugares por onde passo, procuro citar o seu nome, como um anjo de Deus que ele foi e é. Um dos grandes responsáveis por permitir o nosso acesso a esta terra de leite e provisão.

Não despreze a honra

A honra é devida a quem a merece. Eu encorajo você a fazer uma lista de pessoas que têm esse papel em sua vida e que merecem reconhecimento. É melhor fazê-lo enquanto há tempo, pois eu adoraria ter dirigido palavras ou presentes de honra para algumas pessoas que já não estão mais conosco. Por isso não perca tempo. Faça isso hoje!

Capítulo 6
AS DIFICULDADES FORJAM A SUA FORÇA

Você já se sentiu fraco em meio às pressões da vida? Como encontrar força naquelas situações que estão, aparentemente, drenando seu ânimo e sua energia?

Enquanto escrevo este capítulo, acabo de saber do lançamento de um novo filme que tem o título *A forja – O poder da transformação*. Eu não o assisti, mas o título do filme já me animou. Por enquanto, ele só está sendo exibido nos cinemas brasileiros. Eu vou ter que esperar um pouco mais para assisti-lo em algum canal de *streaming* aqui nos Estados Unidos.

Eu ouvi um depoimento da influenciadora digital Bella Falconi, dizendo com lágrimas nos olhos, logo depois de ter assistido ao filme que, como pais, temos a responsabilidade de treinar nossos filhos para se posicionarem como líderes fortes na próxima geração. Somente com esse depoimento já consigo ter uma compreensão a respeito do enredo do filme.

Eu acredito que o papel dos pais não é facilitar a vida de seus filhos. Pelo contrário, nossa responsabilidade é prepará-los para se desenvolverem em meio a dificuldades, pois a vida fora de casa não traz o afago carinhoso que damos quando eles vêm chorando para o nosso colo. O mundo e as circunstâncias difíceis da vida real são a forja que purifica e refina o ouro que carregamos dentro de nós.

No capítulo 4 deste livro eu falei sobre as condições de temperatura e pressão que fazem com que a semente se desenvolva. Em minha vida, muitos dos resultados colhidos foram parte final do processo de desenvolvimento de sementes. E a verdade é que esse processo de desenvolvimento e de amadurecimento nunca acaba. Sempre haverá um próximo nível para avançar.

Aqui, vou falar de como dificuldades e situações de pressão podem nos ajudar a desenvolver fortaleza, segurança, domínio, governo, resiliência e criatividade. Ao final deste capítulo, você passará a perceber as dificuldades como oportunidades e a pressão como um canal para o próximo nível.

Você gosta de games eletrônicos? Quando eu era criança jogava no Atari e os gráficos eram bem ruins, cheios de pixels, mas era divertido. Hoje, temos Xbox, Playstation e Nintendo Switch dominando o mercado. Eu não disponho de tempo para me dedicar a jogos, mas de vez em quando meu filho me chama para jogar um *game* com ele.

Se você já jogou ou ainda joga Super Mario, você deve se lembrar de que o jogo é uma verdadeira jornada de superação e resiliência. Mario é um encanador que entra numa missão de resgate da Princesa Peach das garras do vilão Bowser. Cada nível do jogo representa uma fase da vida, cheia de vilões menores e repleta de obstáculos, inimigos imprevisíveis, plataformas difíceis de alcançar, até armadilhas que exigem uma combinação de habilidade e estratégia.

Quando você tem o controle, é você quem conduz a vida do Mário no *game*. E se no *game*, apesar das adversidades, você não desiste de conquistar o seu objetivo, por que na vida real você faria diferente?

Para salvar a princesa, Mario precisa ir além do que é esperado. Ele deve passar de nível, e cada nível é mais desafiador do que o anterior. Cada fase tem os seus ambientes desconhecidos e perigos imprevisíveis. E cada fase concluída é uma pequena vitória. Até mesmo quando aquela fase está mais difícil e parece que está tudo perdido, sempre aparecem aqueles cogumelos de *power-up*, flores do fogo, que são como momentos de suporte, de apoio e de garra, para ajudar você a concluir o seu desafio.

O Bowser poderia ser representado como aquele vilão imponente que captura a Princesa Peach e que se traduz naquelas dificuldades maiores, quase insuperáveis. Mesmo assim, o que podemos aprender com o Mario são grandes capacidades de uma pessoa vitoriosa: coragem, persistência e inteligência.

O Mario não é um herói na aparência. Ele não tem a imagem robusta e poderosa do arquétipo do herói. Ele é uma representação perfeita de uma pessoa comum, que carrega a força e a superação em sua essência, para lutar no seu dia a dia, passando pelas fases difíceis, achando soluções criativas no meio do caos, vencendo pequenos obstáculos e encontrando fortaleza e resiliência para vencer desafios maiores, que o levam sempre para o próximo nível de conquista.

Viver confortavelmente é muito bom. Aliás, estamos sempre buscando um lugar de conforto e prazer. Mas a verdade é que nada se desenvolve sem pressão, sem dificuldades. Para ilustrar, eu vou citar outro exemplo. Recentemente eu li uma história que fala exatamente sobre esse tema e ela é bem assim: um certo dia, Pedrinho se deparou com um casulo de borboleta e percebeu que parte da asa estava exposta. Ele ficou ali, observando durante horas, e a borboleta não saía do casulo. Ele, então, teve a ideia de ir até a sua casa e buscar uma tesoura.

Cuidadosamente, Pedrinho usou a tesoura para retirar uma parte do casulo e liberar a borboleta. Ele a retirou com muito jeito e a segurou em sua mão, mas ela não se movia. Ele a levou para casa e a deixou lá, em uma caixa, até que ela pudesse se erguer e voar. Mas os dias passaram e a borboleta não voava. Pedrinho a observava se arrastando pelo chão sem conseguir mover suas asas.

Ele foi até o seu professor, contou como havia retirado a borboleta do casulo e perguntou por que a borboleta não voava. O professor de Pedrinho, então, respondeu: *"Pedrinho, para que a borboleta possa voar, ela precisa passar pela fresta apertada do casulo, pois dessa forma o fluido que é vital para fortalecer as asas da borboleta é distribuído nelas no momento em que ela passa pelo pequeno canal apertado. Quando você retirou a borboleta do casulo, impediu que ela desenvolvesse força em suas asas, e por isso ela não consegue voar"*.

Essa história sobre o Pedrinho tirando a pressão da borboleta de ter que se libertar do casulo traz uma ótima reflexão sobre os momentos difíceis pelos quais – eu admito – não queremos passar. Mas são exatamente esses momentos que distribuem o fluido que trazem força às nossas asas. É exatamente na pressão das decisões difíceis que somos promovidos a outro nível. Por exemplo, quando meu pai nos deixou, a pressão foi ter que deixar o conforto de apenas estudar e brincar para amadurecer mais cedo e assumir a responsabilidade de fazer dinheiro e ajudar na economia de casa. Eu não sabia, mas naquele momento eu estava recebendo fluidos nas minhas asas da independência, estava recebendo coragem para explorar oportunidades. A partir dali, todas as outras decisões sobre trabalho e projetos se tornaram mais simples.

Ter que estudar e trabalhar durante a infância, a adolescência e a juventude não me matou nem tirou de mim a oportunidade de viver essas fases. Eu vivi momentos diferentes, que exigiram um nível de maturidade e de inteligência para cada fase a ser vencida. Se você enxergar a vida como um jogo, vai entender melhor que existem níveis de força, de equipamento, de recursos, de inteligência, de estratégia e de apoio, para ir acompanhado ou sozinho.

Por exemplo, quando meu pai nos deixou, sem a sua presença eu perdi a referência da figura que traz segurança e liderança, e sem referência fica difícil escolher uma direção. Ninguém navega sem bússola. Você não vai dirigir o seu carro para uma região que você não conhece sem ativar o seu GPS. Essa pressão inicial de ter que se apoiar em si mesmo sem ter recebido as orientações necessárias da principal referência que você deveria ter para te oferecer uma segurança, acaba por fazer com que os próximos passos de sua vida e escolhas tornem-se mais difíceis.

Tenham bom ânimo

Quando a pressão das circunstâncias e das decisões difíceis nos aperta, às vezes o ânimo desaparece. Até levantar da cama se torna um desafio.

Você já deve ter vivido momentos em sua vida, ou pode ainda estar passando por eles, em que seria melhor pular um dia e passar para o seguinte. Às vezes, levantar da cama significa ter que enfrentar os problemas. Pode ser que você esteja atolado em dívidas e não sabe como fazer para sair disso. Pode ser que você queira terminar um relacionamento doentio, mas tem medo de confrontar a pessoa. Pode ser que você esteja em um momento de escassez, tentando encontrar um meio de superar a crise. Você olha para a sua família e vê que seus filhos dependem do seu sucesso. Você sente a pressão das circunstâncias te espremendo e não consegue ver uma saída, uma luz, uma ideia que seja. Quem nunca passou por situações que testam a nossa força?

Em momentos de aflição, eu sempre recorri às palavras de encorajamento contidas na Bíblia. Tem uma passagem em que Jesus conversa com seus discípulos. E é uma conversa sobre ter coragem. "Eu disse essas coisas para que em mim vocês tenham paz. Neste mundo vocês terão aflições; contudo, tenham ânimo! Eu venci o mundo" (João 16:33).

Esse trecho é uma lembrança de que precisamos de coragem, de fé e de ânimo, porque o mundo não será gentil conosco. Também vejo uma garantia nesse trecho, que é a de que Jesus já venceu o mundo. Ou seja, não importa o tamanho do seu problema, alguém já venceu por você. E se você está nele, você já venceu com ele.

Jesus não disse que você não viverá experiências difíceis. Ele, inclusive, afirma que você vai passar por aflições. O que ele pede de você é "bom ânimo" e que você confie nele. Já que é inevitável viver experiências de pressão nesta vida, então eu resolvi confiar que no meio desse processo algo de valor será gerado.

O diamante é a joia mais preciosa do mundo. E você sabe o que é necessário para formar um diamante? Precisa do elemento certo e das condições ideais.

O carvão mineral, quando submetido ao tempo, à pressão extrema e a altas temperaturas, passa por um processo fascinante de transformação. No coração da Terra, sob condições que fogem à nossa compreensão, seus átomos de carbono são rearranjados, levando a uma mudança em sua composição química. E o resultado é o que importa no final, o diamante.

Esse processo simboliza a capacidade da natureza de transformar algo aparentemente comum em uma das joias mais preciosas do mundo. O diamante é a prova viva de que, com o tempo, com a pressão e com as circunstâncias adequadas, até mesmo os elementos mais brutos podem se tornar algo extraordinário.

Jesus, sendo o Filho de Deus, não se furtou de passar pelas mesmas circunstâncias difíceis que nós experimentamos no nosso dia a dia. Ele sentiu fome e sede, cansou-se, frustrou-se com pessoas, foi traído e caluniado, teve que fugir e enfrentar inúmeras coisas, e teve até que morrer. Sim, ele morreu. Antes de ressuscitar, ele foi crucificado, sentiu a agonia da dor da violência, das feridas e da morte. Ele foi enterrado e, ao terceiro dia, ressuscitou com um corpo novo, glorificado, sem dor, sem fome, sem cansaço e sem morte. A vida e a vitória estão nele. E nessas palavras, até mesmo a morte deixou de ser o ponto final. "Aquele que crê em mim, ainda que esteja morto, viverá" (João 11:25). Eu acredito que essas palavras são literais e que podem ser aplicadas em diversas áreas da nossa vida. Por exemplo, se você teve uma experiência de falência financeira, tenho certeza de que isso foi uma espécie de morte para você, certo? O embrulho no estômago, o gosto amargo na boca, a sensação de que tudo está perdido. Acredite, não é o ponto final da história se você não quiser.

O dia bom também existe. Porque nem tudo sobrevive apenas sob pressão. Tudo tem um tempo e um propósito. O alívio e a vitória são tão importantes quanto as dificuldades do processo. Às vezes, apenas um banho demorado depois de um dia intenso ou um jantar mais saboroso em casa ou num restaurante são suficientes para dar um *power-up* entre uma pequena batalha e outra. Às vezes, palavras positivas ou um abraço bastam para ativar um superpoder. O alívio das coisas simples e das pequenas vitórias também é importante para gerar fôlego e renovar a nossa disposição.

Nenhum atleta treina se não for mirando no prêmio. Da mesma forma, não suportamos nenhum desafio se não soubermos o que está do outro lado. Ninguém vai pagar um preço caro por algo se não ver antes o valor que aquilo tem. Por isso, primeiro você precisa saber o porquê, ou qual o propósito da sua corrida. Olhar para o alvo vai te fazer avançar em cada etapa, porque seus olhos estão no prêmio.

Neste momento, eu estou treinando para uma prova de *triatlhon*. Eu corro, pedalo e nado desde adolescente. Mas confesso que a corrida é a parte mais difícil para mim. No entanto estou disciplinado para fazer a prova no tempo desejado. Eu topei esse desafio para elevar os limites do meu corpo e da minha mente. Portanto, quando você entende que a pressão e os desafios são catalisadores de tesouros, você até pode escolher os desafios que deseja passar.

Eu nunca fui muito bom nos esportes. As habilidades motoras não são o meu forte. Porém eu não me intimido. Você se lembra de que eu quebrei a minha perna direita e que eu uso óculos, certo? Isso atrapalha a minha performance, verdade, mas não me impede de praticar e melhorar com o tempo.

Desde cedo, eu nunca deixei as minhas limitações ditarem o que eu posso ou não posso fazer. Tudo o que eu via e me interessava, ia lá e aprendia. Por exemplo, aos 15 anos eu morava em Mesquita, na Baixada Fluminense, e os vizinhos de frente iam todo o final de semana para o Arpoador. Nossos amigos Simão Romão e Meme surfavam. Naquela época, eu e meu irmão Filipe passamos a ir com eles à praia aos finais de semana. E quando não dava para ir de carro, a gente pegava o trem na estação e ia até a Central do Brasil, para de lá pegar um ônibus até a Praia do Arpoador.

Eu me encantei pelo *surf*. Não quis esperar, comprei uma prancha usada e me enfiei no mar para aprender. Tudo bem, a primeira vez que entrei no mar eu quase morri na Praia do Diabo. Não é brincadeira não, eu quase morri mesmo. Uma correnteza muito comum na Praia do Diabo se forma em épocas de *swell*. Ela forma um redemoinho no canto das pedras e se você não tiver experiência pode ser arremessado pelas ondas direto nas pedras. Daí é melhor não se aventurar nessa praia. Eu consegui sair da correnteza com a ajuda de um salva-vidas, e isso não foi motivo para me parar. Com o tempo eu aprendi a surfar. Inclusive, dei aula de *surf* na Praia do Arpoador.

Todos os esportes que eu desejei, eu aprendi. Futebol, *skate*, *surf*, vôlei, tênis de mesa; hoje, até *golf* eu jogo. Eu não me deixo intimidar pela minha falta momentânea de habilidade. Eu me esforço, dedico-me e aprendo tudo. Eu aprendo para romper com os meus limites. E são as crenças erradas que limitam. Se você acreditar que não pode é isso que vai ter. Agora, se você fizer o contrário, se acreditar que pode e perseverar, aí sim, você vai experimentar o extraordinário.

Esses exemplos são apenas exercícios que moldam a sua mente para transformar a pressão e as dificuldades em fábricas de ouro, diamantes e rubis.

Nós não estamos aqui na Terra com o objetivo de ser feliz. Nós podemos e devemos buscar alegrias, boas memórias e a tão desejada felicidade, mas esse não é o propósito. Nós até podemos viver momentos felizes, mas a vida real é feita de desafios. Por isso, mais do que momentos de alegria, o propósito é viver experiências, e com as experiências desenvolver maturidade, avançar em níveis mais altos com esse entendimento, ter a capacidade de desfrutar da vida, governar sobre o que está em seu domínio e multiplicar tudo o que foi dado a você.

Capítulo 7
SURFANDO NO TEMPO

O que é o tempo e como você pode usá-lo do jeito certo para cumprir o seu propósito?

Eu não tenho uma definição conclusiva a respeito do tempo porque o tempo faz parte da nossa percepção limitada da realidade, que afeta e envolve aspectos físicos, filosóficos e psicológicos.

Falando de percepção, eu imagino que você, assim como eu, vive ou já viveu lutando contra os ponteiros do relógio e contra os números no calendário, pois foi assim que aprendi a vencer as minhas limitações.

Por exemplo, você, assim como eu, precisou começar a trabalhar já na infância? Aos 10 anos eu precisei acelerar o tempo por necessidade de amadurecer e ter que trabalhar. Para cumprir a minha jornada de trabalho no centro do Rio de Janeiro, eu precisava acordar muito cedo, pegar um ônibus lotado, seguir em pé por duas horas, trabalhar durante todo o dia, aproveitando os intervalos para estudar, voltar de ônibus lá pelas 17h para chegar a tempo na escola, estudar até as 22h, voltar para casa, comer algo, preparar minha mochila e dormir poucas horas até começar tudo novamente no dia seguinte.

Essa rotina de usar o tempo de forma eficaz foi um treinamento e tanto. Eu me tornei ágil, eficiente, rápido e preciso. Eu aprendi a usar o tempo aproveitando cada intervalo para encaixar atividades que me fizessem crescer.

Depois da vida, o tempo é o bem mais caro que você possui. As pessoas vendem o tempo delas por dinheiro. O que é o salário se não a venda do seu tempo para executar uma atividade para alguém em troca de uma soma em dinheiro?

Na minha percepção, o tempo se tornou caro. E se tornou caro porque é escasso. Você pode controlar o seu tempo e decidir o que fazer com ele, mas você não consegue comprar mais tempo. Se você é empreendedor como eu, o seu tempo deve ser aplicado em atividades de desenvolvimento de liderança, gestão e vendas. Para isso, você precisa de pessoas que sejam melhores que você naquilo que você executa para que o seu tempo seja melhor aplicado naquilo que realmente importa no seu negócio. E se você não consegue acrescentar mais horas, dias e anos na sua vida, a única coisa que você pode fazer é aprender a surfar no tempo.

O *surf* é um esporte que te ensina a aproveitar a força, a forma e a direção da onda para performar movimentos que podem ser mais radicais ou mais elegantes, dependendo do seu estilo e habilidades. O fluxo do tempo somado às circunstâncias que você está vivendo pode ser usado para movimentos mais rápidos, mais radicais ou mais lentos e elegantes.

Temos uma manobra no *surf* que é o tubo. Consiste em observar a formação da onda até que ela literalmente forme um tubo, então o surfista deve entrar com a prancha dentro desse "tubo", sustentando a sua posição em equilíbrio, acelerando ou reduzindo a velocidade para permanecer o máximo possível na manobra. Na minha opinião, ter a oportunidade de experimentar essa manobra é como viver uma poesia. É mágico! Só quem já viveu essa experiência sabe do que estou falando.

Já as ondas que esfarelam na crista são um convite a batidas e rasgadas. Essas são aquelas ondas que você ficaria surfando um dia inteiro até se cansar.

O *surf* é uma expressão de liberdade e de equilíbrio, pois é disso mesmo que se trata. Com ele você aprende que para aproveitar o melhor da onda não se deve lutar contra ela e, sim, usá-la para executar manobras que deem prazer a sua alma.

Assim também é o tempo. Se você quer mesmo ter prazer em executar as suas manobras, não lute contra o tempo, pois ele sempre vence. Ao invés disso, tente surfar no tempo. Você vai entender melhor com os exemplos que eu vou contar.

As pessoas que, como eu, desde cedo são treinadas a aproveitar o tempo para encaixar o máximo de atividades possível, conseguem desenvolver disciplina e hiperfoco, ganhar agilidade e precisão.

Um certo dia, lá pelos meus 25 anos, eu frequentava aquela comunidade cristã de jovens que comentei. A liderança sabia que eu compunha músicas e me desafiaram a compor algo para o Natal, que se aproximava. Tínhamos pessoas talentosas naquela comunidade, diretores de teatro, atores, músicos, técnicos de som e produtores musicais. Um ambiente perfeito para a criatividade.

Eu topei o desafio de compor um musical de Natal, que chamamos de *Bem-vindo, Rei*, com sete cenas e sete músicas, uma para cada ato. E quem trabalha com criatividade sabe, tudo o que você quer é tempo para gerar essa criatividade. Mas essa nunca foi a minha experiência, principalmente com a música.

Eu recebi o desafio, faltando apenas sessenta dias para compor, reunir as pessoas-chaves, os técnicos, agendar os ensaios e todo o resto. Eu simplesmente entrei no modo hiperfoco e saí do outro lado, com todas as cenas e as músicas prontas em apenas uma semana de trabalho. Não me pergunte como consegui encaixar todo o restante da minha rotina de trabalho e estudos nesse desafio. O que posso dizer é que todas as vezes que eu decidi fazer algo, eu decidi de verdade, e apliquei o meu foco para desenvolver o melhor.

Foi uma linda experiência chegar com todas as cenas prontas, reunir a diretora de teatro e os atores, os músicos, e fazer aquela ideia, aquele musical, tornar-se real. Isso me trouxe muito prazer e marcou a minha vida. Quem diria, aquele menininho de Nova Iguaçu se aventurando a compor musicais.

Nós ensaiamos intensivamente e apresentamos o musical para cerca de duas mil pessoas. Foi incrível. Isso foi surfar no tempo e ordenhar pedras.

Recentemente eu fui convidado para organizar um evento de imersão para empresários da Flórida. O convite veio quando faltavam cerca de três semanas para o evento acontecer, pois já estava sendo divulgado. Nós deveríamos reunir todas as pessoas importantes para que cada parte do evento fosse desenvolvida, como: artes para internet, vídeos, depoimentos, técnicos de som, vídeo, foto, patrocinadores, palestrantes, canais de divulgação, estratégia de tráfego, venda de ingressos e oferta de convites, organização da agenda do dia, coordenação de todos os envolvidos, enfim... São muitos detalhes que envolvem um evento como esse. E não me pergunte como. Minha rotina já era intensa, liderando minhas próprias empresas, dividindo a minha atenção com a minha esposa, e então, encaixar um evento faltando três semanas para acontecer, ou era loucura ou muita segurança, de que tudo o que for preciso para que o resultado seja o melhor, será feito.

Eu não fujo de desafios, mas eu escolho em que desafios vou entrar.

A primeira coisa que fiz, foi reunir todas as pessoas envolvidas e conhecer quem se encaixava melhor em cada parte importante da execução. Conhecendo as habilidades de cada um foi mais simples distribuir o esforço e fazer o projeto fluir no tempo de forma organizada, encadeada e revisada.

A liderança é a parte mais importante. Como você governa as suas coisas, as suas atividades e as pessoas determina se o seu tempo será bem utilizado ou não.

O evento foi executado com graça, pois tudo fluiu bem. E todos tiveram uma ótima experiência.

O tempo em seus diferentes aspectos

O tempo físico

Na física, o tempo é a quarta dimensão que, junto às três dimensões espaciais, forma o contínuo espaço-tempo descrito pela teoria da relatividade de Einstein. Ele é uma medida do progresso dos eventos que ocorrem de forma sequencial e é caracterizado por conceitos como passado, presente e futuro. Fisicamente, o tempo pode ser medido e é essencial para descrever mudanças e movimentos.

O tempo filosófico

Do ponto de vista filosófico, o tempo tem sido uma questão profunda de reflexão por séculos. Alguns filósofos acreditam que o tempo é uma construção humana para dar sentido às mudanças e ao fluxo dos eventos, enquanto outros pensam nele como uma realidade objetiva e independente da percepção humana. Platão, por exemplo, considerava o tempo como uma "imagem móvel da eternidade", ao passo que filósofos modernos como Heidegger exploraram o tempo como parte essencial da existência humana.

O tempo psicológico

Psicologicamente, o tempo é subjetivo e depende da experiência individual. Às vezes, momentos felizes parecem passar rapidamente, enquanto momentos de tédio parecem durar muito mais. A percepção do tempo também pode mudar com a idade ou em diferentes estados emocionais.

O tempo no cotidiano

No dia a dia usamos o tempo para organizar a vida, dividindo-o em unidades como segundos, minutos, horas, dias e anos. É uma ferramenta prática que nos permite sincronizar atividades, planejar e registrar eventos.

O tempo e sua simbologia

A Bíblia é riquíssima em simbologia quando o assunto é o tempo. Pela perspectiva bíblica, o tempo carrega profundos significados espirituais, que te fazem refletir sobre o propósito de Deus e nossa jornada individual.

A seguir, eu separei sete momentos em que o tempo é abordado no contexto bíblico de maneira simbólica e como podemos aplicar esses ensinamentos em nossas vidas.

1. **SETE DIAS DA CRIAÇÃO**: Deus criou o mundo em seis dias e descansou no sétimo. Esse ciclo de sete dias representa a completude e o equilíbrio entre trabalho e descanso. E veja que para cada coisa criada, Deus dizia, isso é bom, ensinando-nos a contemplar a obra que executamos para encontrarmos satisfação, beleza e valor. No nosso dia a dia somos chamados a refletir: assim como

Deus fez Sua obra e descansou, isso nos ensina a ser produtivos, mas também dedicar tempo para descansar e contemplar o que realizamos. Isso gera uma harmonia saudável entre o fazer e o ser.

2. **QUARENTA DIAS DE JEJUM DE JESUS**: Jesus passou 40 dias no deserto, enfrentando tentações e se preparando para seu ministério. Esse período representa purificação, teste e preparação. Assim como Jesus, podemos ver nossos momentos de desafio como oportunidades de crescimento e amadurecimento espiritual. São períodos que nos preparam para aquilo que está por vir, fortalecendo nossa fé e nosso propósito. Portanto, se você foi levado ao deserto e parece que está tudo árido a sua volta, lembre-se que esse lugar, esse momento, é passageiro. É um canal para te levar do outro lado. O importante é que respostas você dará no seu período de deserto e como você vai chegar do outro lado. Jesus foi levado ao deserto para ser tentado pelo diabo. Isso nos mostra que é exatamente nos momentos de tribulação e aperto que somos tentados a desviar do nosso propósito, aceitando as ofertas tentadoras, que são passageiras e nos trarão decepções e angústias no futuro. Se o deserto é a sua realidade atual, lembre-se que as respostas que

você deve dar às tentações são o que irão te trazer o prêmio ou a derrota no final. Aguente firme!

3. **QUARENTA ANOS NO DESERTO:** o povo de Israel vagou no deserto por 40 anos antes de entrar na Terra Prometida. Nem mesmo Moisés, o libertador do povo de Israel da escravidão do Egito, entrou antes na Terra Prometida. Moisés perdeu a paciência com o povo e talvez tenha se aborrecido com Deus por conta desse tempo de espera. A própria Bíblia diz que "a esperança que se adia faz adoecer o coração" (Provérbios 13:12). Deus precisava de uma mudança de cultura, que só seria possível com a nova geração. Aquele povo precisava mudar a mentalidade para tomar posse da Terra de Leite e Mel. Não dava para entrar numa terra de liberdade, fartura e transbordo com a mentalidade escassa de um escravo. O exercício da paciência é amargo, mas o seu fruto é doce. Se você opera em uma mentalidade de escravidão e escassez, vai precisar adquirir uma nova mentalidade. Uma mentalidade que opera na fé, na ousadia, na confiança, na perseverança, no domínio de suas emoções. Você precisa se tornar mestre de si mesmo para experimentar abundância. Quantos livros você já leu este ano? Quais ambientes você

tem frequentado? Como são as suas conversas e quais influências você recebe em sua vida? Se você não mudar a sua mentalidade nada muda. E tenha paciência e perseverança ao passar por processos de mudança, entendendo que grandes transformações exigem tempo e confiança no Pai Celestial.

4. **MIL ANOS COMO UM DIA E UM DIA COMO MIL ANOS:** os Salmos 90:4 e 2 Pedro 3:8 nos ensinam que "para o Senhor, um dia é como mil anos e mil anos como um dia". Esse simbolismo nos lembra que o tempo de Deus é diferente do nosso. E isso reforça a ideia do que o tempo é para nós, e a sua percepção pode variar. Deus não está preso ao tempo e ao espaço, pois essa dimensão que por nós foi criada são os limites seguros para a nossa existência. Por isso, enquanto estamos presos às nossas limitações temporais, vendo apenas um pixel em um telão 4k, Deus vê além. Ele vê a tela completa. Aplicar esse entendimento ao nosso cotidiano nos ajuda a sermos mais pacientes, confiando que Deus trabalha em Seu próprio ritmo e que Ele está sempre no comando para o nosso bem.

5. **SETENTA SEMANAS DE DANIEL:** a profecia de Daniel sobre as 70 semanas é cheia de

simbolismo, indicando períodos de purificação, juízo e restauração. Ela nos mostra que Deus tem um plano detalhado para a humanidade e que todas as coisas estão interligadas no propósito d'Ele. Devemos aprender a confiar que cada fase das nossas vidas tem seu lugar e que há um tempo determinado para cada propósito debaixo do céu.

6. **ANO DO JUBILEU (50 ANOS):** na Lei de Moisés, após cada 49 anos (sete ciclos de sete anos), o quinquagésimo ano era o Ano do Jubileu, quando as dívidas eram perdoadas e a liberdade era restaurada. Isso simboliza renovação e recomeço. Podemos aplicar esse conceito ao perdoar os outros, libertarmo-nos de amarras emocionais e buscarmos constantemente uma renovação espiritual, abrindo espaço para novos começos.

7. **TRÊS DIAS DE ESPERA:** Jesus ressuscitou ao terceiro dia, simbolizando vitória sobre a morte e um novo começo. Tenho meditado muito sobre a morte. E não se assuste, pois a morte faz parte da nossa realidade. Em nossas vidas, diversas vezes nos deparamos com situações em que algo deve morrer ou alguém de nosso convívio morre. A morte nos ensina que para todas as coisas

existe um final, mas a ressurreição é uma promessa de Jesus. Lembre-se, Jesus precisou morrer para cumprir a promessa dele e para ressuscitar em um corpo de glória. Ele ainda disse: "Aquele que crê em mim, ainda que esteja morto, viverá" (João 11:25). Isso significa que até aquelas coisas que entregamos para Deus em sinal de sacrifício, se crermos em Jesus e em suas promessas, até o que aparentemente morreu, ressuscitará em algo glorioso de acordo com a boa e perfeita vontade de Deus Pai. O número três relacionado ao tempo em que Jesus esteve enterrado até a ressurreição representa plenitude, renovação e poder. Então o que devemos lembrar é que há esperança mesmo após momentos difíceis. Pois se Jesus ressuscitou e se crermos nele, não importa se sofremos uma grande perda, nós também iremos ressuscitar!

Na narrativa bíblica o tempo não é apenas um marcador cronológico. Mais do que isso, é um elemento no plano de Deus para nos ensinar a viver com propósito, paciência, fé e esperança. Os exemplos que dei nos lembram de que a vida é feita de ciclos, que Deus tem um tempo perfeito para cada coisa e que em cada etapa há lições a serem aprendidas e bênçãos a serem recebidas.

No momento em que escrevo este livro, eu pus em meu coração que ele ficaria pronto até o final do mês de outubro de 2024. E veja, sem fazer juízo de valor, hoje qualquer pessoa pode escrever um livro. Basta que ela use o ChatGPT ou grave um áudio e envie para um *ghost writer*. Eu poderia ter escolhido o caminho mais fácil, mas não seria autêntico. Eu escolhi desafiar a mim mesmo no tempo e nas circunstâncias, e estou cumprindo o que estabeleci, em meio a tantas outras atribuições e responsabilidades. Estou desenvolvendo uma habilidade que poderá redundar em muitas outras coisas, em oportunidades e possibilidades que só Deus conhece. E como eu faço isso? Surfando no tempo.

Capítulo 8
COMO ORDENHAR PEDRAS

Eu sei que as pedras não são como vacas para serem ordenhadas, mas eu aprendi a enxergar as possibilidades de extrair leite de pedra, e com as minhas experiências eu posso te ensinar. Depois de ler inúmeros exemplos meus, tenho certeza de que você quer aprender como aplicar na prática essa habilidade de extrair o máximo proveito das circunstâncias e literalmente ordenhar pedras. Por isso vou listar exemplos práticos que você poderá aplicar, e ao exercitá-los terá a chance de se tornar um mestre em tirar leite de pedra.

Transforme adversidades em oportunidades de crescimento

Imagine um empreendedor que perde um investimento crucial para sua empresa. Ao invés de desanimar, ele decide aprender tudo sobre gestão financeira e como criar um fundo de reserva. Esse conhecimento o torna mais preparado para crises futuras e, em longo prazo, ele ganha autossuficiência. Isso é tirar força da fraqueza.

Cada desafio é como um tijolo que, quando colocado na estrutura certa, fortifica as bases da nossa própria fortaleza. Encare cada adversidade como uma ferramenta de crescimento. Afinal, a pedra que obstrui o caminho também pode ser usada para construir a ponte.

Veja os exemplos que separei para que você se identifique e reflita sobre como trabalhar na sua adversidade.

Mudança na carreira

Imagine um profissional que perde o emprego de forma inesperada. Em vez de ceder à frustração, ele decide enxergar isso como uma oportunidade de repensar a carreira e investir em novas habilidades. Ele faz um curso de especialização na área de tecnologia, algo que sempre teve interesse, mas que nunca explorou por estar acomodado. Ao final, ele não só consegue uma nova posição, mas também aumenta seu valor no mercado. Aqui, a perda do emprego se torna o "tijolo" que fortalece sua autoconfiança e o impulsiona a crescer em uma direção totalmente nova e mais alinhada aos seus interesses.

Eu mesmo vivi isso diversas vezes, e em todas as etapas de mudança da minha vida encontrei um novo nível para avançar, apoiado nas experiências anteriores.

Problemas de saúde e estilo de vida

Uma pessoa passa por uma crise de saúde devido ao estresse e a hábitos de vida pouco saudáveis. Em vez de se render à frustração, ela decide transformar essa crise em um ponto de virada. Ela adota uma rotina de exercícios, investe em uma alimentação mais balanceada e busca maneiras de gerenciar o estresse. Ou seja, na adversidade ela encontra a oportunidade de se reinventar e viver com mais equilíbrio, e com o tempo ela recupera a saúde. Esse desafio foi a "pedra" que pavimentou o caminho para uma vida mais saudável e plena.

Eu mesmo passei por momentos de saúde críticos que me fizeram mudar minha alimentação e adotar uma rotina de exercícios, uma alimentação mais saudável, menos açúcar e mais água. Assim como esses hábitos mudaram a minha energia e me deram mais ânimo para novos desafios no meu dia a dia, eles podem provocar mudanças significativas para melhorar a sua vida também. E você, o que está esperando para mudar seus hábitos e adquirir mais saúde e longevidade?

Rejeição em oportunidade de negócio

Forme esta imagem na sua mente: um empreendedor apresenta um projeto inovador a um potencial investidor, mas a proposta é rejeitada já na primeira oportunidade. Em vez de desistir, ele aproveita o *feedback* do investidor para melhorar o plano, refinando os pontos fracos. Ele também decide buscar outras fontes de financiamento, incluindo financiamento coletivo (*crowdfunding*) e parcerias com pequenos investidores. A rejeição inicial o força a fortalecer seu plano de negócios e a expandir sua rede de contatos, o que aumenta as chances de sucesso no futuro. Nesse caso, a rejeição se torna um impulso para o aperfeiçoamento e a ampliação das oportunidades.

Eu já passei por inúmeras situações em que ótimas oportunidades de negócios ou sociedades poderiam ser realizadas, mas os investidores simplesmente resolveram não avançar comigo. Alguns nem sequer se dignaram a responder às minhas propostas. Isso me fez refinar meu processo, meu produto, minha comunicação e minha oferta, para que, ao fazer o meu *pitch*, a minha presença, os meus argumentos e a minha apresentação se tornem irresistíveis.

Você pode fazer o mesmo. Entendendo bem quem é você, trabalhando em suas potências e treinando melhor suas fraquezas, você pode desenvolver o seu projeto e a sua apresentação para que eles encantem e, por conta do seu preparo e do seu magnetismo, surjam mais oportunidades.

Falência e renascimento de uma empresa

Imagine um empresário que enfrenta a falência de sua primeira empresa. Em vez de considerar isso um fracasso definitivo, ele usa a experiência para aprender lições valiosas sobre administração, fluxo de caixa e negociação de contratos. Com esse conhecimento, ele começa uma nova empresa e aplica tudo o que aprendeu com os erros anteriores.

Anos depois, ele se torna bem-sucedido e evita erros que poderiam ser fatais para o novo negócio. A falência, nesse caso, transforma-se na pedra fundamental que sustenta o sucesso da nova empresa.

Você já passou por alguma experiência de falência em sua vida? Essa experiência não é o fim, pelo contrário! Pode representar o começo de algo novo, baseado na experiência que você acumulou.

Superando a perda de um cliente importante

Imagine-se dono de uma pequena agência de *marketing* que perde seu maior cliente, responsável por uma grande parte de sua receita. Ao invés de entrar em crise, a equipe decide diversificar sua base de clientes, buscando atender a pequenas e médias empresas. Esse movimento exige mais esforço e adaptação, mas, com o tempo, eles conseguem reduzir a dependência de um único cliente e criar uma carteira de clientes mais equilibrada. A perda inicial se torna a pedra que constrói uma estrutura financeira mais estável e mais sustentável.

Eu mesmo já apliquei esse conceito em minhas agências. Ao invés de focar nossas energias em um único cliente, nós abrimos espaço para clientes menores de segmentos específicos, para diversificar e equilibrar nosso fluxo de caixa. Se um cliente desiste de caminhar conosco por algum motivo, as contas da empresa não ficam prejudicadas e o negócio tem fôlego para continuar operando para trazer novos clientes.

Problemas familiares e crescimento pessoal

Imagine que este é o seu caso: você está enfrentando um momento difícil em sua vida pessoal, com conflitos familiares que parecem intransponíveis. Então você decide buscar ajuda para aprender mais sobre comunicação assertiva e inteligência emocional. Com o tempo, você começa a aplicar essas habilidades, e ao invés de apenas resolver os conflitos, torna-se uma pessoa mais empática e mais consciente nas relações familiares e profissionais. Ou seja, o desafio familiar se transformou em uma oportunidade para crescer emocionalmente e fortalecer laços mais saudáveis com todos ao redor.

Tornar-se mais empático pode ajudá-lo a vender mais. Você passa a olhar o outro com um olhar sensível, colocando-se em seu lugar e entendendo as dores do outro. Todo mundo tem uma situação, necessidade ou desejo atual que precisa ser atendido. Se você entende e desenvolve esse olhar, passará a responder de tal forma que as qualidades que você desenvolveu em si mesmo encontrarão lugar na resolução dos problemas de outras pessoas.

Conecte-se com a sua identidade e com o seu propósito

Em um mundo onde tantos caminhos se apresentam, conhecer sua identidade e o seu propósito é como segurar uma bússola em uma tempestade no meio do oceano. Imagine alguém que se sente não realizado em sua carreira. Ele passa a refletir sobre seus valores e descobre que seu propósito está em servir aos outros. Com essa clareza, ele encontra uma nova profissão, alinhada aos seus princípios, e sente a satisfação de estar no caminho certo. Saber quem você é e para onde vai ajuda a afastar o desânimo e mantém o foco no que realmente importa, mesmo quando o cenário é nebuloso.

Encarando desafios com o propósito de inspirar outros

Imagine uma pessoa que passou a vida lutando contra obstáculos financeiros e pessoais. Ela reflete sobre tudo o que já superou e percebe que sua trajetória pode inspirar outros. Ao se conectar com essa nova visão de propósito, decide compartilhar suas experiências por meio de palestras e das redes sociais. Ela transforma as "pedras" de sua própria história em ferramentas de inspiração, ensinando outras pessoas a enfrentarem suas próprias dificuldades com coragem e resiliência.

E não é exatamente isso o que estou fazendo agora? Do mesmo modo que eu escolhi transformar minhas experiências em oportunidades e compartilhar com você para te inspirar, você pode fazer o mesmo com alguém ou com uma multidão. Basta alinhar a sua identidade ao seu propósito e usar as ferramentas que você tem ou desenvolveu para produzir essa transformação, transbordando na vida de outras pessoas.

Identidade forjada na superação de crises

Se você é um jovem profissional que está passando por uma crise em sua empresa familiar, onde enfrenta pressões para manter o negócio em meio a dificuldades financeiras, ao invés de desistir você deve relembrar o propósito que o levou a trabalhar ao lado de sua família: por exemplo, honrar o legado construído por seus pais.

Com essa visão clara, você consegue assumir a responsabilidade de renovar e reinventar o negócio, implementando novas estratégias e cortando gastos. A crise financeira é, então, transformada em uma oportunidade de fortalecer sua identidade como alguém resiliente, focado em resultados e comprometido com sua história familiar.

Propósito redescoberto em meio a adversidades

Se você é mãe solteira enfrentando as dificuldades de criar os filhos sozinha, provavelmente se sente sobrecarregada. Em vez de se render ao cansaço, você pode decidir se conectar com seu propósito como educadora e protetora. Você vai perceber que é uma fonte de força e exemplo para seus filhos. Esse propósito lhe dará energia para transformar cada pequeno desafio em uma lição de vida para as crianças, mostrando-lhes como enfrentar adversidades com dignidade e perseverança. Assim, você consegue transformar sua própria "pedra" em um legado para as futuras gerações.

Basta mudar a perspectiva, o seu jeito de ver o mundo. As circunstâncias podem não mudar de imediato, mas quando você muda, tudo em volta acompanha a sua mudança, o seu crescimento.

Usando um recomeço como base de conexão com o propósito

Imagine um homem que faliu, perdeu tudo o que tinha e precisa recomeçar sua vida. Em meio à adversidade, ele reflete sobre o que realmente o motiva e descobre que o seu propósito está em ajudar as pessoas a encontrarem equilíbrio financeiro. Ele começa a atuar como consultor financeiro para pequenas empresas e empreendedores. Ao recomeçar, ele se reconecta com um propósito profundo, usando seu fracasso como uma pedra de aprendizado e como uma base de conhecimentos valiosos para orientar os outros.

Transformando um sonho pessoal em impacto comunitário

Imagine que um *chef* de cozinha perdeu seu restaurante devido a uma crise econômica. Depois de refletir, ele percebe que sua verdadeira paixão é usar a culinária para transformar a vida das pessoas. Ele, então, inicia um projeto comunitário para ensinar jovens de áreas vulneráveis a cozinhar, formando-os para o mercado de trabalho.

Sua crise pessoal o leva a encontrar um propósito que vai além de um negócio próprio: ele agora inspira jovens e os ajuda a terem novas oportunidades. O que antes parecia uma pedra em seu caminho se transforma em um alicerce de impacto social.

Redescobrindo a própria força em momentos de perda

Uma pessoa que enfrenta uma perda pessoal devastadora normalmente se sente perdida, sem chão. Após refletir profundamente sobre seu propósito, ela percebe que o que mais a motivou na vida foi ajudar e confortar os outros. Com isso em mente, começa a trabalhar como voluntária em uma instituição de apoio a pessoas em luto. Conectada com seu propósito de trazer conforto aos outros, ela encontra um novo sentido para viver e, assim, transformar sua dor em um ato de amor e solidariedade.

Essa iniciativa transforma não somente a vida de quem é impactado por ela, mas também a ela própria, que vê no conforto e no apoio que gera nos outros um sentido em sua própria jornada.

Resiliência na construção de uma nova identidade profissional

Imagine um profissional, veterano do mercado financeiro, que se vê sem trabalho após uma reestruturação na empresa. Com idade avançada, muitos o consideram "fora do mercado". Ele decide, então, reconectar-se com sua identidade e propósito, lembrando que sempre quis atuar como mentor e transmitir seus conhecimentos para as novas gerações. Ele se torna um *coach* financeiro para jovens profissionais, ensinando--lhes a trilhar caminhos seguros no mercado.

Ele começa pequeno, com poucos jovens, mas esse movimento cresce espontaneamente, porque jovens atraem outros jovens, e quando ele menos percebe sua mentoria está ajudando centenas de jovens a darem um rumo em suas carreiras somente porque ele decidiu se posicionar e transmitir seus conhecimentos. A "pedra" que parecia um fim se torna o início de uma jornada significativa, em que ele finalmente encontra a satisfação de trabalhar alinhado com seus valores. E isso lhe traz paz e realização.

O propósito de servir cura nossas próprias feridas

Imagine uma pessoa que passou por uma infância marcada pela escassez e por privações. Ao longo da vida, ela se reconecta com esse passado e decide que seu propósito é ajudar pessoas que passam por situações semelhantes. Então ela cria uma ONG que oferece cursos gratuitos de desenvolvimento profissional para pessoas em situações de vulnerabilidade econômica.

A adversidade de sua infância se torna a pedra fundamental de um projeto que transforma vidas, curando suas próprias feridas ao mesmo tempo em que serve de apoio para outros.

Estabeleça um legado de fé e perseverança

Construir um legado de fé e perseverança é como plantar uma árvore de raízes profundas. Pense em um jovem que, inspirado por seus avós, busca deixar uma marca de integridade e compaixão. Ele vê cada oportunidade como uma chance de viver e transmitir esses valores, e isso influencia todos ao seu redor. Reconhecer as vozes que contribuíram para sua jornada e honrar seu legado transforma cada esforço em um bloco de construção para um futuro que inspira e orienta as próximas gerações.

Honre aqueles que contribuíram com sua jornada

Honrar quem esteve ao seu lado, especialmente nos momentos mais difíceis, é um ato de gratidão e dignidade. Lembre-se de um professor, de um amigo ou de um familiar que te apoiou em tempos difíceis e mantenha essa gratidão viva. A cada novo passo reconheça que essa pessoa faz parte da sua história. Isso solidifica os relacionamentos, fortalece seu caráter e torna sua jornada mais rica e significativa.

Cultive um modelo mental de resiliência e persistência

Um modelo mental de resiliência é como uma âncora que nos mantém firmes nas tempestades. Para cultivá-lo, encha sua mente com conhecimento novo e inspirador. Leia livros, participe de seminários e se aproxime de pessoas que te desafiem a crescer. Quando os momentos de crise chegarem sua mente já estará treinada para enxergar possibilidades onde outros só veem obstáculos. Ser resiliente não é não cair, mas saber se levantar com mais força e sabedoria.

O treinamento mental com experiências diárias

Uma pessoa que deseja fortalecer sua resiliência adota uma prática diária de reflexão e aprendizado. Todos os dias, ao final do dia, ela registra em um caderno os desafios que enfrentou e o que aprendeu com cada um. Essa prática ajuda a perceber que em cada situação difícil há um aprendizado.

Além disso, a pessoa busca leituras e palestras que a inspirem a manter a mente aberta e a ver cada obstáculo como uma oportunidade de aprimoramento. Com o tempo, essa prática diária molda sua mentalidade para ver os desafios como trampolins para algo maior.

A busca contínua por aprendizado e mentoria

Um empreendedor iniciante, ciente das dificuldades e dos riscos do negócio, deve se cercar de mentores experientes e buscar conhecimento continuamente. É muito importante participar de grupos de empresários, seminários e *workshops*.

Nas conversas com mentores é comum ouvir relatos de fracassos e sucessos, o que ajuda a encarar cada crise em sua própria jornada com uma nova perspectiva. Em vez de se abater quando as dificuldades surgem, é importante se lembrar dos conselhos de seus mentores e usar o conhecimento adquirido para navegar as tempestades com mais confiança e determinação.

Os exercícios da resiliência com pequenos desafios

Se você deseja fortalecer uma mentalidade de resiliência, comece a se desafiar em pequenas situações cotidianas. Comprometa-se a resolver um problema por semana que normalmente evitaria – como lidar com uma tarefa complexa, aprender uma nova habilidade ou enfrentar uma conversa difícil. Com cada pequeno desafio vencido você estará treinando sua mente para enfrentar o desconforto e encontrar novas formas de resolver problemas.

Esse exercício constante te ajuda a se preparar para lidar com dificuldades maiores com mais calma e firmeza, pois você passa a aprender que a resiliência é uma habilidade que se fortalece com a prática.

Mantenha a esperança viva durante as dificuldades

Esperança é a chama que ilumina até os períodos mais escuros. Pense em alguém que perdeu um ente querido ou enfrentou uma grande decepção. Ao invés de desistir, essa pessoa decidiu manter a fé em dias melhores e buscou novos significados à vida. A esperança nos ensina que até o sofrimento pode gerar algo precioso e que, enquanto acreditarmos, sempre haverá um novo amanhã.

Desenvolva perseverança sob pressão

Perseverar sob pressão é como o aço que se fortalece na fornalha. Nos momentos mais críticos, como ao perder um emprego ou enfrentar uma crise pessoal, mantenha-se resiliente. Use a pressão para moldar uma versão mais forte de si mesmo. Esses momentos são a prática, o treino que lhe permitirá alcançar o que muitos consideram impossível.

Reconheça o valor das sementes

Cada pequeno gesto, cada conquista aparentemente insignificante, é uma semente para algo maior. Imagine que você quer aprender uma nova habilidade, mas só pode se dedicar meia hora por dia. Esse tempo limitado é a semente. Com consistência, ao longo do tempo, ele se transforma em um conhecimento completo. É preciso saber reconhecer o valor das sementes e nunca subestimar o poder dos pequenos começos.

Construa uma carreira com pequenos passos diários

Se você é um jovem profissional que sonha em se tornar um especialista em sua área, mas sente que não tem tempo suficiente para grandes cursos ou especializações, eu te aconselharia a dedicar apenas 15 minutos por dia para ler artigos, assistir vídeos e fazer anotações sobre temas relevantes. Ao longo dos meses, essa rotina simples e diária acumula um grande volume de conhecimento e *insights*.

Eventualmente, você percebe que passou a dominar o conteúdo, o que lhe dá confiança para assumir projetos mais complexos no trabalho e aumenta suas oportunidades de crescimento na empresa. Esse pequeno gesto diário se transforma em uma base sólida que o prepara para passos maiores em sua carreira.

Lembre-se de que nada nasce pronto. Você precisa ter paciência para avançar nas etapas que trarão aprendizado, conhecimento aplicado, experiência, resultados e masterização. Não existem atalhos. Respeite o processo e *enjoy your journey*.

Cultive relacionamentos profissionais

Uma empreendedora que acaba de abrir seu negócio e tem poucos contatos pode dedicar alguns minutos por semana para enviar mensagens de agradecimento e reconhecimento a parceiros, clientes e colegas que a ajudaram em sua jornada. Gestos desse tipo, embora simples e rápidos, fortalecem os laços com essas pessoas.

Com o tempo, essa prática cria uma rede de apoio confiável e pessoas dispostas a colaborar e a recomendar seus serviços. Esse cultivo de pequenos relacionamentos, iniciado com gestos sinceros e consistentes, torna-se um dos pilares de seu negócio, abrindo portas para oportunidades maiores.

Estabeleça alvos e se comprometa com eles

A vida se transforma quando você estabelece metas claras e se compromete com elas. Crie um objetivo que seja realista e desafiador, escreva-o e assine como um contrato consigo mesmo. Crie um mural e ponha as fotos dos lugares em que você quer se ver daqui a um, dois ou três anos. Olhe firmemente para essas imagens e desenhe na sua mente você naquela posição. Esse compromisso será a corda que o puxa para a frente mesmo quando o caminho se torna difícil. Lembre-se de que cada linha do seu sonho exige esforço e esse esforço é o que o torna merecedor da conquista.

Como já comentei, Daniella e eu temos a tradição de escrever nossos objetivos e assinar como compromisso de realização. Nós imprimimos fotos dos carros e casas que queremos comprar, lugares que desejamos visitar, realizações que queremos alcançar, e em novembro de cada ano, no dia de Ação de Graças, recolhemos a nossa lista de objetivos assinada, conferimos todos os itens que foram realizados, olhamos para o nosso quadro de conquistas e temos a oportunidade de agradecer tudo o que foi realizado, pois saiu do campo do pensamento e se tornou coisa concreta, tangível, real.

Eu aconselho você a fazer o mesmo, pois se você cria um compromisso com você próprio e o visualiza, a sua mente entende que você já está lá e suas ações são dirigidas para a realização.

Crie compromisso com a educação continuada

Imagine um professor que decide se especializar em uma nova área de ensino para beneficiar seus alunos e abrir novas oportunidades em sua carreira. Ele estabelece como meta concluir uma pós-graduação em dois anos, mesmo sabendo que terá que conciliar o curso com o trabalho e a família. Ele escreve essa meta em uma folha de papel, assina e coloca em um lugar visível.

Nos dias em que o cansaço pesa e a motivação diminui, ele relembra seu compromisso e persiste. Ao final, ele não só obtém a especialização como também sente uma realização profunda por ter mantido seu compromisso e por ter alcançado algo desafiador e que parecia quase impossível no início.

Escolha um estilo de vida saudável

Uma pessoa que deseja melhorar sua saúde física decide estabelecer uma meta de perder 10 kg em seis meses, mas de forma saudável e sustentável. Ela cria um plano de exercícios e uma alimentação equilibrada, registrando a meta em um "contrato" pessoal que ela assina e coloca em sua agenda. Quando surgem tentações para abandonar o plano, ela revisita seu compromisso e lembra o quanto esse objetivo significa para seu bem-estar. Ao fim dos seis meses, ela alcança sua meta e adquire novos hábitos de saúde e autocuidado que se tornam parte de sua rotina, trazendo benefícios duradouros para sua vida.

Eu mesmo comecei a adotar uma rotina simples de acordar cedo e ingerir menos açúcar. Comecei cortando o açúcar do café, depois passei a comer menos e a controlar os doces, passei a beber mais água e a me exercitar regularmente e com disciplina.

Nos primeiros três meses notei que eu estava ficando mais magro, com o rosto mais fino. Ao conferir a balança tinha eliminado apenas 3 kg, mas já se notava a diferença. Isso evoluiu para um desafio de *triathlon*, treinos mais intensos, e ao final de oito meses eu já tinha perdido 7 kg e estava com ótima energia, leve e resistente nos esportes.

Correr 5 km passou a ficar fácil depois que essa rotina de fazer um pouquinho todos os dias se tornou uma constante. O resultado de uma vida saudável e ativa está depois da consistência, e isso só vem com escolha firme e disciplina.

Cuide dos seus pensamentos

Cuidar dos seus pensamentos é como cuidar de um jardim. Só florescem ali as sementes que você cultiva. Quando você alimenta a mente com ideias e conceitos positivos, começa a desenvolver uma força interior que transforma os desafios em degraus de crescimento. E isso não significa evitar pensamentos difíceis ou ignorar as adversidades, mas aprender a transformar a forma como você enxerga cada situação.

Imagine que você enfrenta uma dúvida sobre a sua capacidade em um novo projeto. Esse pensamento, alimentado com insegurança, pode se expandir e se tornar uma barreira. Mas ao invés disso você pode se perguntar: "O que eu posso aprender com esse desafio?", ou então, "Quem já passou por algo assim e pode me inspirar a superar?". Transformar a dúvida em uma questão de crescimento é como tirar uma pedra do caminho e usá-la para construir algo sólido.

Além disso, aquilo que você consome diariamente molda seus pensamentos. Se você passa o tempo ouvindo histórias de superação e acompanhando a trajetória de pessoas que admira, a sua mente é nutrida por modelos de sucesso e resiliência. Um bom exemplo disso é a prática de ler livros de líderes que superaram dificuldades – isso coloca na sua mente uma referência constante de como é possível transformar problemas em conquistas. E quando surgem os momentos de incerteza, você já terá em sua mente um repertório de estratégias e pensamentos que ajudam a superar o medo.

Eu mesmo já li dezenas de livros e continuo lendo e relendo, principalmente aqueles livros que me fazem enxergar ideias e estratégias novas. Elas já estão disponíveis, já foram usadas e validadas por outras pessoas. Você não precisa inventar a roda, basta se apropriar das ideias e dos conceitos que alguém já deixou disponível para você.

Outro exemplo prático é a seleção do que você assiste e das pessoas com quem conversa. Se o conteúdo que você consome é voltado para o desenvolvimento e se as conversas que você escolhe ter giram em torno de crescimento e aprendizado, você está plantando sementes positivas que com o tempo darão frutos. Se surgir um pensamento de desistência, lembre-se de algum conselho ou de alguma lição que você absorveu de uma pessoa que admira. Isso ajuda a redirecionar o foco para uma ação concreta, transformando pensamentos negativos em passos práticos rumo ao sucesso.

Ao fazer isso de forma consciente, você cuida dos seus pensamentos e cria uma mentalidade preparada para encontrar soluções mesmo nas situações mais desafiadoras.

Veja o desafio como catalisador de transformação

Cada desafio que aparece na sua vida é como uma fornalha em que você pode ser moldado e fortalecido. Quando você começa a enxergar os obstáculos dessa maneira, eles deixam de ser barreiras e passam a ser catalisadores da sua própria evolução. Um atleta sabe bem disto: a dor do treino, o cansaço e os sacrifícios fazem parte do processo para alcançar o pódio. Ele vê cada desconforto como uma preparação para a vitória e é essa mentalidade que o leva a persistir.

Vamos colocar isso em prática. Imagine que você está enfrentando um momento difícil no seu negócio, algo que coloca à prova tudo o que você já aprendeu. Ao invés de ver essa situação como uma ameaça, encare-a como uma oportunidade de se tornar mais forte e estratégico. Pergunte-se: "Que habilidade posso desenvolver para superar isso?" ou "O que posso aprender aqui que me tornará mais preparado para os próximos desafios?". Cada resposta que você encontra para essas perguntas é um novo tijolo na construção de uma versão mais preparada de você mesmo.

Outro exemplo prático é o uso da visualização. Imagine onde você quer estar depois de superar essa adversidade. Enxergue-se lá, no futuro, colhendo os frutos dessa experiência difícil. Isso não é uma simples técnica de motivação, mas uma maneira de moldar o seu estado mental para persistir. Quando visualizamos a vitória, o desafio se torna combustível e a dor se transforma em uma espécie de impulso que nos empurra para frente.

Por fim, inspire-se em pessoas que usaram momentos críticos como transformações de vida. Leia sobre líderes, empreendedores e atletas que transformaram situações de derrota em alavancas de sucesso. Eles não só sobreviveram ao desafio, eles foram moldados e se tornaram mais fortes por causa dele. E é isso que você pode fazer também. Encarar cada desafio como um catalisador de transformação é entender que a dor, o esforço e a persistência são exatamente os elementos que o levam ao próximo nível.

Use o tempo como seu aliado

O tempo é igual para todos, mas a maneira de usá-lo define o sucesso. Evite as distrações e organize-o como um recurso precioso, muito caro.

Por exemplo, acordar cedo todos os dias é o principal conselho que eu dou para estabelecer uma rotina de produtividade. O silêncio permite que você tenha menos distrações para focar naquilo que é importante, ou seja, você!

Eu acordo todos os dias com minha esposa às 4h30 para orar, meditar, exercitar-me e planejar o dia. Quando a maioria das pessoas está acordando, nós já estamos prontos para executar o que está em nossa lista de pequenas vitórias de cada dia.

Ler livros e buscar mentores para as suas áreas de conhecimento e desenvolvimento também podem fazê-lo avançar no tempo, pois a sua jornada de aprendizado com as experiências e conselhos de quem já conquistou o que você almeja encurta o tempo que você levaria para fazer apenas por conta própria.

Aproveitando o tempo livre para expandir o conhecimento

Imagine-se como um profissional de vendas que passa grande parte do dia dirigindo entre compromissos com clientes. Talvez essa seja mesmo a sua realidade. Em vez de considerar esse tempo "perdido", ele decide transformar esses momentos em oportunidades de aprendizado. Ele começa a ouvir audiolivros, *podcasts* e palestras sobre técnicas de vendas e desenvolvimento pessoal durante suas viagens.

Ao final de algumas semanas, ele percebe que seu conhecimento ampliou significativamente, tornando-o mais confiante e preparado para lidar com objeções e conquistar novos clientes. Ao transformar o "tempo ocioso" em tempo produtivo, ele o usa como um recurso estratégico para seu crescimento.

Dividir grandes objetivos em pequenas tarefas diárias

Traga para sua mente a imagem de uma escritora que sonha em finalizar seu primeiro livro, mas sente que a rotina e as responsabilidades diárias não lhe deixam tempo para trabalhar no projeto. Ela decide acordar meia hora mais cedo todos os dias e dedicar esse tempo exclusivamente à escrita. Mesmo em dias de inspiração limitada ela escreve algo, sabendo que cada página é uma pequena vitória. Com o tempo, essa prática faz com que o livro seja completado em poucos meses. Ela transforma o hábito de escrever diariamente em uma maneira poderosa de usar o tempo como seu aliado, avançando de forma consistente rumo ao seu grande objetivo.

Esperas transformadas em preparação estratégica

Imagine um empresário que aguarda o fechamento de um contrato importante, mas o processo de negociação se estende e ele precisa esperar respostas dos clientes. Em vez de ficar ansioso, ele decide usar o tempo de espera para revisar o plano de negócios, estudar o mercado e fortalecer a estratégia para o lançamento do projeto. Ele também aproveita para melhorar suas habilidades em gestão e liderança com cursos on-line.

Ao final da espera, ele está não apenas preparado, mas estrategicamente fortalecido para agir com maior precisão assim que o contrato for aprovado. Esse tempo "extra" se torna uma preparação valiosa que aumenta as chances de sucesso do projeto.

Todos os conselhos oferecidos neste capítulo, se praticados e seguidos intencionalmente, permitem que qualquer pessoa se torne mestre em "ordenhar pedras", extraindo abundância e crescimento em todas as circunstâncias da vida.

Capítulo 9
O QUE ESTÁ ALÉM DAS PEDRAS

Se você chegou até aqui, quero parabenizá-lo e agradecer por ter me dado a oportunidade de compartilhar minhas experiências. Cerca de 65% das pessoas começam a ler um livro e não terminam.

Ler um livro é mais do que um passatempo, é como se apropriar de um pedaço da história de alguém. Por isso resolvi escrever. E escrever um livro é um marco na história de qualquer pessoa. Eu encorajo a todos que puderem a escrever a sua história. Você aí, que está lendo este livro agora, se ainda não escreveu algo para impactar o mundo, não perca tempo. Você tem algo precioso em sua história que precisa ser contado.

Eu estou contando a minha história na esperança de que ela possa te provocar, te inspirar e te fazer pensar de um jeito mais ousado, aplicando mais fé nas suas escolhas. Se a sua mente mudar ao ponto de entender que você carrega o poder de moldar o seu universo, isso já terá valido a pena.

Ordenhar pedras é um exercício de fé, que não se limita às circunstâncias difíceis a que todos nós estamos sujeitos, em maior ou menor grau. Aprender a extrair experiência, aprendizado e recursos nas dificuldades e pressões da vida é apenas o ponto de partida.

Ao longo do processo você vai se tornando alguém. Veja suas fotos antigas, relembre o seu nível de conhecimento e relacionamentos de dez anos atrás. Se nada mudou tem alguma coisa errada. Nós mudamos ao longo do processo para melhor ou para pior, dependendo dos ambientes que frequentamos, da mentalidade que desenvolvemos e das escolhas que fazemos.

Por exemplo, você já deve ter ouvido a frase: "Você é o que você come". Particularmente, eu acho essa frase muito poderosa. E ela não se aplica apenas ao contexto de comida. Você pode usá-la fazendo um paralelo ao conteúdo de internet que você consome, aos livros que você lê, às ideias das pessoas com quem você caminha ou admira.

Se você lê um livro você está bebendo daquela fonte e, portanto, está se tornando mais parecido com aquele conteúdo, porque as palavras geram nossos pensamentos e criam conexões em nosso cérebro que tendem a refletir em nossas emoções e ações.

Um dos melhores conselhos que eu daria a você é: cuide de como você alimenta os seus pensamentos, pois você é o que você pensa. Tudo o que você se tornou até hoje é fruto do que você pensou.

Pensamentos geram ações, ações geram comportamentos, comportamentos geram seu estilo de vida. Logo, seu estilo de vida determina o seu destino, ou seja, quem você é. Portanto tudo começa na sua mente. Se você estiver determinado a se tornar inteligente você será inteligente. Basta fazer a escolha e decidir aprender. Se você estiver determinado a se tornar rico você será rico. Basta fazer as escolhas certas e não desistir no meio do caminho.

E eu vou dizer isso de forma clara: tanto as pessoas que enfrentam dificuldades financeiras quanto as pessoas ricas são produtos de seus próprios pensamentos. Cada uma delas escolheu o seu estado e o seu estilo de vida. Para quem enfrenta dificuldades, é difícil admitir que estão lá por conta de seus próprios pensamentos. E você não pode resolver o seu problema com os mesmos pensamentos que te levaram para lá. Você precisa de informações novas, de conhecimentos novos, de experiências novas. Você precisa se tornar uma nova pessoa.

Por isso, ordenhar pedras precisa te transportar para um novo modelo de pensamento, pois como foi dito, "Você é o que você come". O que você acha que vai acontecer com a sua estrutura quando começar a beber do leite que você mesmo ordenhou das pedras? Pense por um momento nessa imagem! Eu vejo uma pessoa forte, resiliente e determinada. Eu vejo alguém que não tem medo de desafios, que usa os problemas para se tornar ainda mais forte. Eu vejo alguém que se torna fortaleza e segurança, não só para si, mas para aqueles que dependem de você. Eu vejo alguém que se torna um milagre em si mesmo. Vejo alguém que produz um legado que permanecerá.

Eu vejo tudo isso para você porque foi isso que eu me tornei ao beber do leite que eu extraí ordenhando as pedras que fizeram parte da minha jornada. Por isso o que está além das pedras deve ser a sua escolha. Em que tipo de realidade você quer viver?

Eu tenho certeza que depois desta leitura você vai olhar para as circunstâncias difíceis da sua vida como oportunidades de crescimento. Eu acredito que você vai gerar movimento, criatividade e resultados.

Mais do que uma resposta positiva às pressões da vida, ordenhar pedras será como uma expressão de um novo você. E eu te convido a repetir a seguinte frase: "Abençoadas sejam as obras das minhas mãos. Expressão de louvor ao Deus Vivo".

Desejo que você cresça e viva suas experiências consciente do seu papel no mundo. E se quiser andar mais perto de alguém que sabe ordenhar pedras e que pode te ensinar a fazer o mesmo, conecte-se comigo pelas redes sociais, pois lá você terá acesso a muito mais. Eu sempre encontro tempo para responder aos meus amigos. Estando longe ou perto receba o meu abraço.

SOBRE O AUTOR

Nascido no Rio de Janeiro, desde muito cedo Edson Araujo já se destacava nas artes – desenho, pintura, escultura, poesia e música. Aos 10 anos de idade, após sofrer a experiência de abandono por seu pai, viu-se como o responsável por sua mãe e seus irmãos menores e passou a trabalhar para compor parte do sustento da casa. Isso foi a ignição de uma jornada de descoberta e aprendizados múltiplos, que o tornaram um líder forjado na pressão e na paciência.

Cursou Direito, Administração e Música, desenvolvendo seus potenciais de comunicação, gestão e artes, o que culminou na abertura de sua primeira agência aos 29 anos de idade. Aos 35 se mudou para os Estados Unidos e iniciou uma nova agência e outros negócios relacionados ao mercado imobiliário.

Trabalhar com identidade e posicionamento no *branding* sempre foram suas paixões como empresário criativo que é. E isso é um reflexo do seu desejo de fazer com que as histórias de seus clientes revelem valor, sentido, significado e propósito. Por isso criou o Método SPB, um programa que tem ajudado empresários de diferentes segmentos a explorar o potencial contido em sua identidade, fazendo com que esse potencial se revele em sua comunicação e em seu posicionamento, gerando riqueza e prosperidade, que contagiam e atraem.

Acredita no poder da identidade para definir propósito e posicionamento. Por isso dedica a sua carreira a levar conteúdo que educa empresários sobre como se posicionar em seu *branding*, revelando o mapa do posicionamento.

Como empresário, dirige algumas empresas no Brasil e nos Estados Unidos, como a Tribocom Group e a Creative Spear, agências de *marketing* digital, e a Sharp Spear, uma incorporadora imobiliária.

Edson Araujo vive nos Estados Unidos com sua mulher e dois filhos.

edsonaraujo.com.br

@edsonaraujo

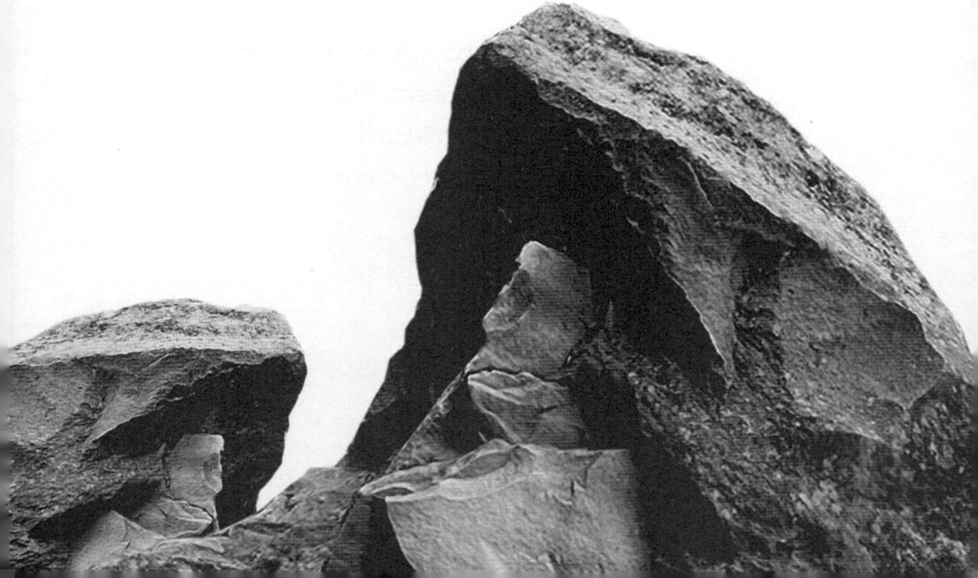

Compartilhando propósitos e conectando pessoas
Visite nosso site e fique por dentro dos nossos lançamentos:
www.gruponovoseculo.com.br

- facebook/novoseculoeditora
- @novoseculoeditora
- @NovoSeculo
- novo século editora

gruponovoseculo.com.br

Edição: 1ª
Fonte: Athelas